Metodologia do Ensino de

Matemática e Física

Os livros que compõem esta coleção trazem uma abordagem do ensino de Matemática e Física que objetiva a atualização de estudantes e professores, tendo em vista a realização de uma prática pedagógica de qualidade. Apoiando-se nos estudos mais recentes nessas áreas, a intenção é promover reflexões fundamentais para a formação do profissional da educação, em que a pesquisa tem papel essencial. Além de consistência teórica, as obras têm como princípio norteador a necessidade de a escola trabalhar com a aproximação entre os conceitos científicos ensinados e a realidade do aluno.

Volume 1
Didática e Avaliação: Algumas Perspectivas da Educação Matemática

Volume 2
Didática e Avaliação em Física

Volume 3
Professor-Pesquisador em Educação Matemática

Volume 4
Professor-Pesquisador no Ensino de Física

Volume 5
Tópicos de História da Física e da Matemática

Volume 6
Jogos e Modelagem na Educação Matemática

Volume 7
Tópicos Especiais no Ensino de Matemática: Tecnologias e Tratamento da Informação

Volume 8
Física Moderna: Teorias e Fenômenos

Aparecida Magalhães Villatorre
Ivanilda Higa
Silmara Denise Tychanowicz

Didática e Avaliação em Física

Informamos que é de inteira responsabilidade das autoras a emissão de conceitos.

Nenhuma parte desta publicação poderá ser reproduzida por qualquer meio ou forma sem a prévia autorização da Editora InterSaberes.

A violação dos direitos autorais é crime estabelecido na Lei nº 9.610/1998 e punido pelo art. 184 do Código Penal.

Av. Vicente Machado, 317 . 14º andar
Centro . CEP 80420-010 . Curitiba . PR . Brasil
Fone: (41) 2103-7306
www.editoraintersaberes.com.br
editora@editoraintersaberes.com.br

Conselho editorial
Dr. Ivo José Both (presidente)
Dr.ª Elena Godoy
Dr. Nelson Luís Dias
Dr. Ulf Gregor Baranow

Editor-chefe
Lindsay Azambuja

Editor-assistente
Ariadne Nunes Wenger

Editor de arte
Raphael Bernadelli

Revisão de texto
Raphael Moroz

Capa
Denis Kaio Tanaami

Projeto gráfico
Bruno Palma e Silva

Iconografia
Danielle Scholtz

Ilustrações
Luis Alberto Kuzniewicz

Dados Internacionais de Catalogação na Publicação (CIP)
(Câmara Brasileira do Livro, SP, Brasil)

Villatorre, Aparecida Magalhães
  Didática e avaliação em física / Aparecida Magalhães Villatorre, Ivanilda Higa, Silmara Denise Tychanowicz. – Curitiba: InterSaberes, 2012.
  – (Metodologia do Ensino de Matemática e Física; v. 2).

  Bibliografia.
  ISBN 978-85-8212-329-4

  1. Física – Estudo e ensino 2. Matemática – Estudo e ensino I. Higa, Ivanilda. II. Tychanowicz, Silmara Denise. III. Título. IV. Série.

12-09261

CDD - 530.7
-510.7

Índices para catálogo sistemático>
1. Física: Estudo e ensino 530.7
2. Matemática: Estudo e ensino 510.7

Foi feito o depósito legal.

1ª edição, 2012.

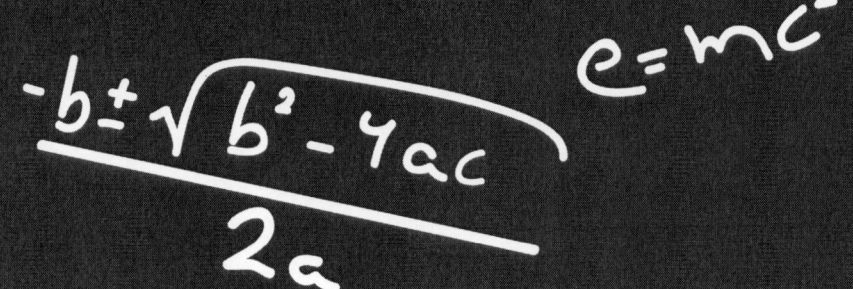

Sumário

Apresentação, 9

Introdução, 13

Parte I – Fundamentos da didática e avaliação em Física, 15

A ciência e o seu ensino, 17

1.1 Concepções de ciência, 19

1.2 Perspectivas antiempiristas sobre a ciência, 24

1.3 Sistematizando as concepções sobre a ciência na relação com o ensino de Física, 29

1.4 A ciência física e os conteúdos escolares de Física, 32

1.5 Concepção de ensino-aprendizagem: os conhecimentos prévios dos estudantes e as estratégias de mudança conceitual, 35

1.6 Novos olhares sobre a mudança conceitual, 44

Síntese, 47

Indicações culturais, 48

Atividades de Autoavaliação, 49

Atividades de Aprendizagem, 52

Avaliação no ensino e na aprendizagem da Física, 55

2.1 A avaliação em educação, 57

2.2 Didática e avaliação: uma relação necessária, 61

2.3 Funções e tipos de avaliação, 63

2.4 Como avaliar? Alguns instrumentos possíveis, 65

2.5 A avaliação diagnóstica e democrática inserida num planejamento, 72

Síntese, 75

Atividades de Autoavaliação, 76

Atividades de Aprendizagem, 78

Parte II – Enfoques e estratégias didáticas, 81

Situações-problema: onde está a solução? 83

3.1 Problematização: o que é?, 85

3.2 Exercício *versus* situação-problema, 88

3.3 Formular situações-problema: uma tarefa fácil?, 94

Síntese, 95

Indicações culturais, 96

Atividades de Autoavaliação, 97

Atividades de Aprendizagem, 100

A atividade experimental no ensino de Física, 103

4.1 Como utilizar a experimentação no ensino de Física?, 105

4.2 Como provocar a reflexão do aluno sobre o experimento?, 106

4.3 Qual a importância das atividades experimentais nas metodologias de ensino de Física?, 107

4.4 A atividade experimental com enfoque qualitativo no planejamento de aulas, 108

4.5 Concepção epistemológica do professor e sua relação com o ensino, 118

Síntese, 119

Indicações culturais, 120

Atividades de Autoavaliação, 120

Atividades de Aprendizagem, 123

O enfoque histórico no ensino de Física, 125

5.1 As concepções dos estudantes, 127

5.2 O uso da história das ciências no ensino de Física, 128

5.3 Como trabalhar com a história das ciências?, 130

5.4 Identificando aspectos da história das ciências para o ensino de Física, 132

Síntese, 137

Indicação cultural, 139

Atividades de Autoavaliação, 139

Atividades de Aprendizagem, 142

Considerações finais, 145

Referências, 147

Bibliografia comentada, 155

Gabarito, 159

Sobre as autoras, 161

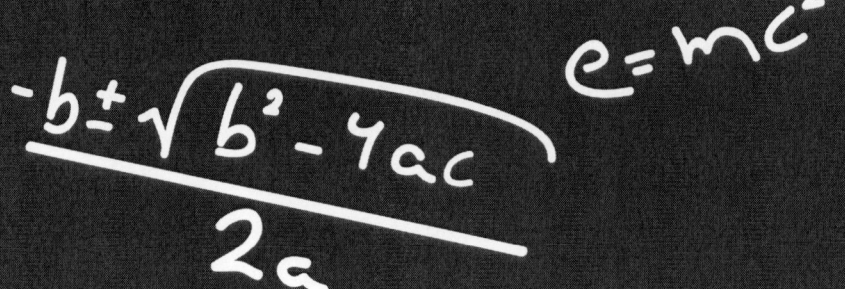

Apresentação

As principais preocupações de professores e pesquisadores do ensino de física* na atualidade dizem respeito ao processo de aprendizagem do aluno e à maneira como essa disciplina pode ser ensinada. Embora tenham ocorrido muitos avanços nessa área, sabemos que ainda temos muito a estudar e a aprofundar, uma vez que os estudantes continuam a não ver a importância e o significado da física no contexto de sua formação geral, seja ela pessoal, seja ela profissional.

* Nesta obra, o termo *física*, quando referir-se à disciplina ou área curricular, será grafado com a inicial em maiúscula.

Entendemos que é possível influenciar de forma positiva na situação configurada. Para tanto, propomos, por meio deste livro, o estudo de conceitos, concepções e estratégias de ensino, fundamentados em referenciais teóricos da área de ensino de Ciências e Física.

Para isso, organizamos o material em duas partes: Na primeira, destinada a um estudo mais conceitual das ideias refletidas no livro como um todo, serão enfocados, em dois capítulos, os fundamentos da didática da Física, incluindo concepções de ciência, transposição didática, conhecimentos prévios, mudança conceitual e avaliação. São referenciais que devem fundamentar a elaboração das propostas de ensino, independentemente dos conteúdos, das estratégias ou dos momentos das aulas de Física.

O primeiro capítulo tratará de concepções epistemológicas no que diz respeito às ciências e aos elementos envolvidos em seu ensino e aprendizagem (obstáculos epistemológicos, conhecimentos prévios dos sujeitos e mudança conceitual).

Já no segundo, serão traçadas reflexões sobre o ato de avaliar. Nesse contexto, traremos questões para que você possa refletir sobre a concepção de avaliação e sobre os objetivos contidos no sistema de avaliação organizado pelo professor, além de ilustrarmos algumas possibilidades de instrumentos avaliativos, que devem ser condizentes com as opções teóricas do processo de ensino-aprendizagem. Dispor a discussão sobre avaliação já no início do livro, como parte dos fundamentos, foi uma estratégia encontrada dentro do enfoque que estamos defendendo: a avaliação como parte do processo do **ensinar** e **aprender**, e não como uma atividade final de verificação da aprendizagem.

Na segunda parte, alguns enfoques e estratégias didáticas serão discutidos de forma crítica, com exemplos específicos e propostas para a sala de aula. Essa parte é composta de três capítulos, nos quais contemplaremos uma reflexão sobre os aspectos relacionados ao estudo da primeira unidade. Entre as diversas possibilidades que existem, optamos por focalizar a resolução de problemas e problematizações, as atividades práticas e o enfoque histórico.

É importante mencionarmos que os enfoques e as estratégias aqui presentes não são os únicos existentes, e, sim, possibilidades propostas.

A segunda parte será iniciada com o terceiro capítulo, que irá tratar da problematização para o ensino de Física. Para isso, centraremos nossa reflexão no que seria, de fato, uma situação-problema: aquela que envolve o estudante, que o provoca, que o desafia a buscar elementos na tentativa de resolvê-la, diferenciando-se da resolução de exercícios matemáticos desenvolvidos muitas vezes de forma automatizada, sem a utilização de conceitos físicos.

No quarto capítulo, faremos um estudo sobre a utilização da estratégia experimental nas formas de ensino do professor. Nesse sentido, discutiremos a possibilidade desse experimentalismo em conjunto com outras, para propiciar ao estudante um importante ambiente de reflexão sobre os fenômenos abordados. Entre as diversas possibilidades para o uso dessa estratégia, focaremos na ampliação do campo para a argumentação por parte do aluno. Auxiliado por outros meios e pela orientação do professor, o estudante será capaz de reelaborar o seu discurso considerando a visão científica dos fenômenos.

Um estudo sobre o enfoque da história das ciências para o ensino de Física é o conteúdo do quinto capítulo dessa segunda unidade. Entendemos que esse é um panorama utilizado dentro de outras estratégias de ensino como um "pano de fundo". Assim, exploraremos, desse tema, a relação dos conhecimentos prévios dos alunos com aspectos inerentes à história das ciências, visando melhorar e tornar mais significativa a aprendizagem dos conceitos escolares de ciências.

Além da sistematização por unidades e capítulos, organizamos cada seção desta obra com síntese e atividades de avaliação e de aprendizagem. De acordo com os nossos objetivos, esses três elementos finais do capítulo não são simplesmente um fechamento de ideias. Eles carregam a pretensão de que o professor, ao revisar e refletir sobre conceitos, ideias e propostas estudados nos capítulos, utilize esses elementos num processo contínuo de estudos, buscando refinar e inovar seus conhecimentos a fim de dar maior qualidade a sua prática docente.

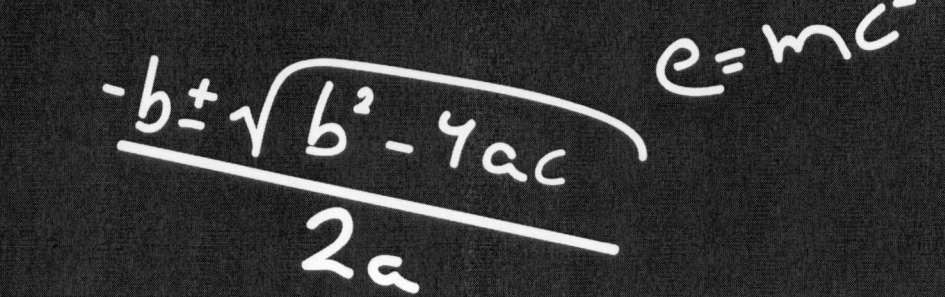

Introdução

É o momento de iniciarmos o estudo e de nos aprofundarmos nas questões que permeiam o ensino e a aprendizagem da disciplina de Física, discutindo de forma crítica as possibilidades de enfoques e estratégias para o estudo dos conteúdos. Para isso, teremos sempre os fundamentos da educação permeando nossas discussões e reflexões; porém, é importante ressaltar, sempre no contexto específico do ensino da Física.

Procuramos, neste material didático, trazer tanto críticas quanto exemplos concretos e atividades que possam ser utilizados em sala de aula, mas nunca como receitas. Dessa forma, é sempre necessário o esforço e o exercício de recontextualizar esses elementos para que façam sentido dentro da disciplina de cada professor, que, sendo autor de sua prática metodológica, irá criar novas possibilidades para a sala de aula.

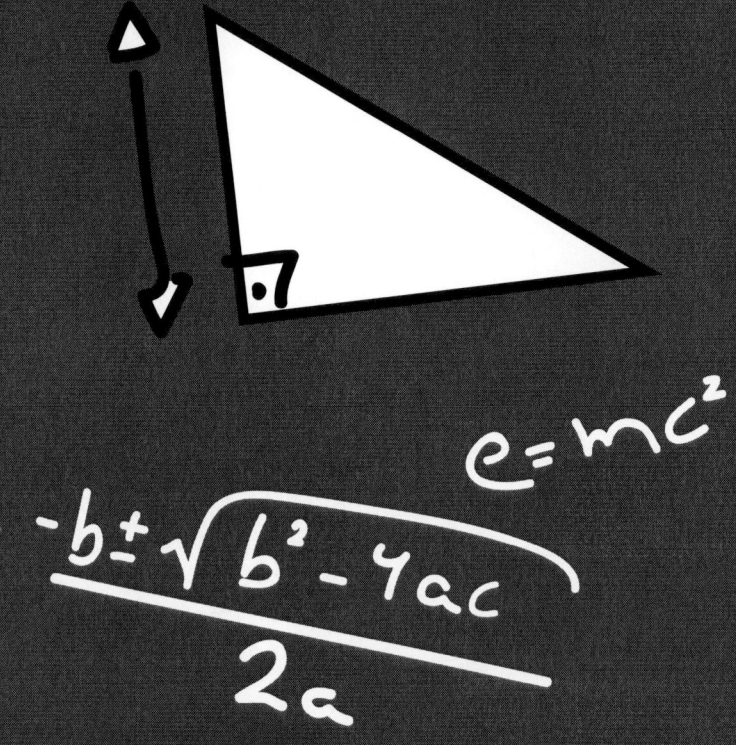

Parte 1

Fundamentos da didática e avaliação em Física

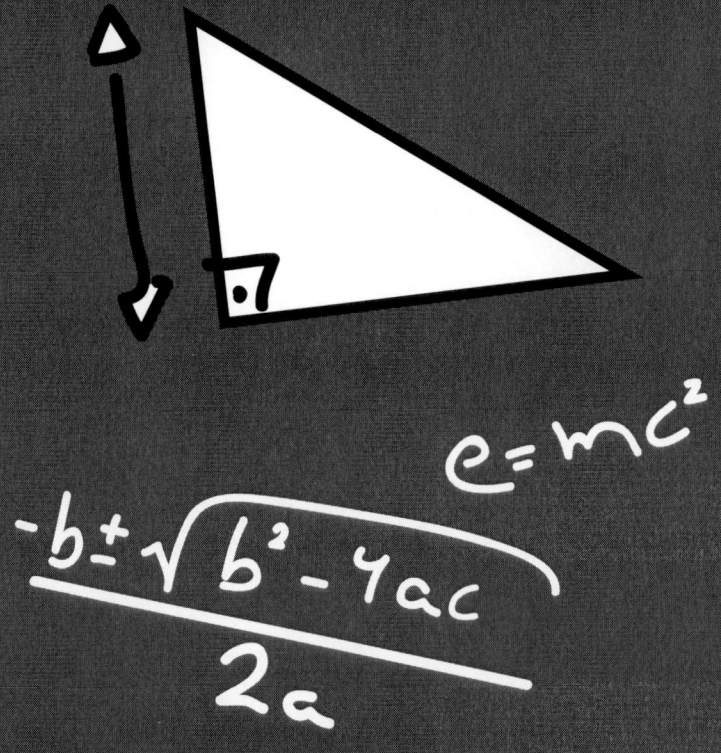

Capítulo 1

Neste capítulo, estudaremos alguns fundamentos voltados à didática da Física. Nessa construção, iremos refletir sobre alguns dos elementos principais que devem nortear todo o planejamento e desenvolvimento do processo de ensino e aprendizagem de Física.

Começaremos pelas concepções de ciência e, na sequência, iremos refletir sobre os conteúdos escolares da disciplina escolar em questão com base na compreensão do processo de transposição didática. Finalmente, discutiremos os conhecimentos prévios dos estudantes e algumas estratégias de mudança conceitual.

O objetivo é que, ao final deste capítulo, você possa localizar melhor qual é o cenário sob o qual atua quando está em sala de aula, independentemente das estratégias metodológicas utilizadas.

A ciência e o seu ensino

1.1 Concepções de ciência

Você já parou para pensar sobre "o que é a ciência"? Perceba a importância dessa pergunta no ambiente escolar. Em que medida essa questão, no contexto da disciplina de Física, nos interessa? Para refletirmos sobre isso, iremos estudar algumas diferentes concepções sobre a ciência.

O estudo das concepções epistemológicas sobre a ciência é importante por diversos motivos. Hodson, citado por Silveira (1996b, p. 225), aponta que "sempre há uma concepção epistemológica subjacente a toda situação de ensino". Assim, mesmo que não seja de forma explícita ou assumida intencionalmente, qualquer situação de ensino traz uma visão de ciência e de ensino-aprendizagem.

Para iniciarmos nosso estudo, utilizaremos uma atividade adaptada de Borges (1996). Para tanto, sugerimos que você leia e reflita sobre os seguintes textos:

[**Texto 1:**] *A formulação de leis naturais tem sido encarada, desde há muito, como uma das tarefas mais importantes da ciência. O método que a ciência utiliza para conhecer os fenômenos que ocorrem no universo é o método experimental, que consiste, basicamente, em: a) observação dos fenômenos; b) medida das principais grandezas envolvidas; c) busca de relações entre essas grandezas, com o objetivo de descobrir as leis que regem os fenômenos que estão sendo pesquisados. Este processo, que permite chegar a conclusões gerais a partir de casos particulares, é denominado indução – e é uma das características fundamentais da ciência[...]*

[**Texto 2:**] *As ideias científicas não podem ser provadas por fatos experimentais, mas estes fatos podem mostrar que as proposições científicas estão erradas. Esta é a característica de todo o conhecimento científico: nunca se pode provar que ele é verdadeiro, mas, às vezes, podemos provar que ele não é verdadeiro.*
Sempre existe a possibilidade de se provar que uma teoria estabelecida está errada, mas nunca podemos provar que ela é correta. Assim, a ciência evolui através de refutações. À medida que se vai provando que algumas ideias são falsas, obtém-se uma nova teoria, ou a antiga é aperfeiçoada.

[**Texto 3:**] *Normalmente os cientistas não estão muito preocupados em negar uma teoria, mas sim em comprovar as teorias existentes [...] A comunidade científica é conservadora. Somente em casos muito especiais uma teoria aceita por longo tempo é abandonada e substituída por outra. Em geral, as novidades que não se enquadram nas teorias* *vigentes tendem a ser rejeitadas pelos cientistas. Só é considerado como ciência aquilo que os cientistas aceitam por consenso [...]*

[**Texto 4:**] *A necessidade de uma experiência científica é identificada pela teoria antes de ser descoberta pela observação. Ou seja, a experimentação depende de uma elaboração teórica anterior. [...] a prova científica se afirma tanto no raciocínio como na experiência. O cientista deve desconfiar das experiências imediatas, refletir sobre os conceitos iniciais, contestar as ideias evidentes. Ou seja, o conhecimento científico se estabelece a partir de uma ruptura com o senso comum. E o progresso das ciências exige ruptura com os conhecimentos anteriores* (Borges, 1996, p. 12-14).

Cada um dos quatro textos traz ideias sobre **o que é ou como "funciona" a ciência**. Com quais textos ou ideias você se identificou?

Agora, iremos estudar, do ponto de vista da **epistemologia**, algumas concepções sobre a ciência. Racionalismo, empirismo e construtivismo são as três principais concepções de ciência, segundo Chaui (2000). Vejamos, conforme essa autora, em que consistem essas visões, seus métodos, objetos de estudo e suas relações com a realidade.

1.1.1 Racionalismo

Dentro dessa concepção, a ciência é um conhecimento racional dedutivo e demonstrativo, uma verdade universal, que pode ser provada sem deixar dúvidas. O objeto da ciência é uma representação intelectual da coisa representada, que corresponde à realidade, que, por sua vez, é racional e inteligível em si mesma.

Nessa visão, as experiências são realizadas para verificar e confirmar as demonstrações teóricas. O objeto científico é matemático, pois a realidade possui uma estrutura matemática.

1.1.2 Empirismo

Aqui, a ciência é concebida como uma interpretação de fatos, e tem como base observações e experimentos, utilizando o processo de indução. As teorias são construídas e também verificadas com base nas observações e dos experimentos. É no empirismo que o chamado *método experimental* ganha força, como uma forma de garantir a formulação das teorias e da objetividade que elas trazem. Aqui, a teoria científica é também uma representação da realidade tal como ela é.

Silveira (1996b, p. 225) destaca as principais características dessa epistemologia:

~ observação como fonte do conhecimento;
~ conhecimento obtido dos fenômenos, mediante a aplicação das regras do "método científico", como uma síntese indutiva do observado, do experimentado;
~ imaginação, intuição e criatividade não devem influenciar na obtenção do conhecimento;
~ teorias são descobertas em conjuntos de dados empíricos.

Embora nas concepções racionalista e empirista a teoria científica seja considerada uma representação verdadeira da própria realidade, elas diferem no que se refere às formas de se chegar a essa representação. Enquanto a primeira se utiliza do processo **hipotético-dedutivo**, a segunda dispõe do processo **hipotético-indutivo**. Mas, o que seriam esses processos?

No primeiro, inicialmente são definidos o objeto e suas leis, e a partir daí é que se deduzem suas propriedades, previsões ou conclusões posteriores. No segundo, parte-se de suposições sobre o objeto e, a partir de observações controladas e em ampla variedade de condições, chega-se à definição dos fatos e das leis.

Para exemplificarmos o processo hipotético-dedutivo, vamos nos utilizar de um caso citado por Silveira (1996a, p. 198): "Lei: a resistência elétrica dos condutores metálicos varia com a temperatura. Condições específicas: a temperatura do fio de cobre variou de 20°C para 6°C". A partir dessas duas premissas, a que conclusão você pode chegar? Para chegar ao resultado obtido, você acabou de utilizar um processo **dedutivo**, ou seja, chegou a uma proposição por meio de algumas premissas predefinidas sobre o objeto e suas leis. Agora, para exemplificarmos o processo hipotético-indutivo, trazemos uma situação de Chalmers (1993, p. 27): "Se um grande número de As foi observado sob uma ampla variedade de condições, e se todos esses As observados possuíam sem exceção a propriedade B, então todos os As têm a propriedade B".

1.1.3 Construtivismo

Nessa concepção, a ciência é uma construção de modelos explicativos sobre a realidade. Em relação aos métodos, no construtivismo são utilizados tanto os ideais do racionalismo quanto os do empirismo. Diz Chaui (2000, p. 252-253):

> *como o racionalista, o cientista construtivista exige que o método lhe permita e lhe garanta estabelecer axiomas, postulados, definições e deduções sobre o objeto científico. Como o empirista, o construtivista exige que a experimentação guie e modifique axiomas, postulados, definições de demonstrações.*

Entretanto, na concepção construtivista – diferentemente das duas concepções de ciência anteriores –, a teoria científica não apresenta a realidade em si mesma, mas oferece estruturas e modelos de funcionamento da realidade. Portanto, a ciência não é a verdade absoluta, mas uma verdade **aproximada**, que pode ser corrigida, modificada ou abandonada.

1.2 Perspectivas antiempiristas sobre a ciência

Por que ocorrem mudanças na ciência? Como explicá-las? A filosofia da ciência busca respostas a essas questões. Em uma análise internalista, ou seja, que aborda o desenvolvimento das ciências, é possível perceber que a maioria dos filósofos dessa área contesta o empirismo e adota, em comum, uma visão construtivista do conhecimento (Borges, 1999). Porém, mesmo dentro dessa visão, há variações entre as formas com que cada filósofo irá explicar as mudanças na ciência.

Entre diversas visões, abordaremos rapidamente três delas: o falseacionismo, de Karl Popper (1902-1994), o contextualismo, de Thomas Kuhn (1922-1996), e o racionalismo dialético, de Gaston Bachelard (1884-1962).

Como já foi dito anteriormente, a recusa à visão de ciência empírico--indutivista é o que há de comum entre os três filósofos da ciência que iremos abordar nesta seção. Antes de entrarmos nas ideias de Popper, façamos uma pausa para compreender algumas críticas ao indutivismo ingênuo. Consideremos um exemplo de Russell, citado por Chalmers (1993, p. 37-38):

> [Um] peru descobrira que, em sua primeira manhã na fazenda de perus, ele fora alimentado às 9 da manhã. Contudo, sendo um bom peru indutivista, ele não tirou conclusões apressadas. Esperou até recolher um grande número de observações do fato de que era alimentado às 9 da manhã, e fez essas observações sob uma ampla variedade de circunstâncias, às quartas e quintas-feiras, em dias quentes e dias frios, em dias chuvosos e dias secos. A cada dia acrescentava uma outra proposição de observação à sua lista. Finalmente, sua consciência indutivista ficou satisfeita e ele levou a cabo uma inferência indutiva para concluir: "Eu sou alimentado sempre às 9 da manhã". Mas, ai de mim,

essa conclusão demonstrou ser falsa, [...] quando, na véspera do Natal, ao invés de ser alimentado, ele foi degolado.

Assim, completa Chalmers (1993), as premissas verdadeiras levaram a uma conclusão falsa pela inferência indutiva.

Iniciemos com a visão falseacionista de Popper (1982), para o qual a ciência não começa pelas observações de fenômenos e o indutivismo não leva à construção de verdades universais. Segundo o citado filósofo, nunca é possível confirmar uma teoria, mas é possível refutá-la. Ou seja, não é possível provar que uma teoria é verdadeira, no entanto é possível verificar quando ela é falsa. É por isso que as ideias de Popper são chamadas de *falseacionistas*. Essa é a forma pela qual a ciência muda: **conjecturas** e **refutações**. Uma teoria deve ter pontos que possam ser testados. Considerando isso, quanto "melhor" é a teoria, mais resistente é às refutações.

Dessa forma, caso alguma teoria venha a ser refutada, uma outra deve ser construída, sendo que essa nova teoria deve explicar tudo o que a anterior explicava, além dos fatos que levaram à sua refutação. Nesse sentido, a ciência é um processo **cumulativo**, isto é, as novas teorias contêm dentro de si as anteriores.

Quais seriam as implicações dessa visão de ciência popperiana no ensino de Física?

Já para Kuhn (2000, p. 10), físico americano por formação, os cientistas não estão sempre questionando suas próprias teorias, ou seja, há uma discordância com o processo falseacionista de Popper. Entre suas obras, uma importante referência é o livro *Estrutura das revoluções científicas*. Nele, o autor afirma que, após uma formação inicial em física teórica, passou a dedicar-se aos estudos em história da ciência e, por fim, se voltou às questões filosóficas.

De acordo com a explicação de Kuhn (2000, p. 10) sobre a ciência, os termos *paradigma, ciência normal, crises* e *revoluções científicas* possuem fundamental importância.

Embora estejamos acostumados com o termo *paradigma* no nosso dia a dia, quando se fala em filosofia da ciência, essa expressão é atribuída a Kuhn*.

Segundo Ostermann (1996, p. 186-187), há dois sentidos para o termo *paradigma*: um geral e um restrito. O geral é "empregado para designar todo o conjunto de compromissos de pesquisas de uma comunidade científica (constelação de crenças, valores, técnicas partilhados pelos membros de uma comunidade determinada)".

Para o sentido restrito da palavra *paradigma*, a autora afirma que este é designado de exemplares que são "as soluções de problemas encontrados nos laboratórios, nos exames, no fim dos capítulos dos manuais científicos, bem como nas publicações periódicas, que ensinam, através de exemplos, os estudantes durante sua educação científica" (Ostermann, 1996, p. 186-187).

A epistemologia de Kuhn (2000) é baseada na história dos acontecimentos científicos e se estrutura sobre alguns conceitos básicos, intercalando períodos de ciência normal, anomalias, crises e revoluções científicas. O processo se reinicia quando se estabelece um novo período de ciência normal.

Vejamos melhor o significado desses períodos (Kuhn, 2000):

~ **Ciência normal**: Esse seria um período no qual os cientistas trabalham dentro de um paradigma estabelecido, e seu trabalho principal é o aperfeiçoamento das teorias vigentes.

~ **Anomalias e crise**: Quando o paradigma vigente não dá conta

---

* Há críticas a Thomas Kuhn em relação à definição desse conceito, porém aqui não iremos nos deter nessa discussão. Para maiores aprofundamentos, consulte Masterman (1979) e Kuhn (1979, 2000).

de dar respostas a alguns problemas, começam a aparecer o que Kuhn denomina de *anomalias*, que são problemas e questões que a teoria não está dando conta de responder. Conforme o número de anomalias aumenta, pode ser instaurado um período de crise na ciência normal.

~ **Revolução científica**: Quando as anomalias se tornam, de certa forma, insustentáveis, ocorre um período de revolução científica, ao qual se segue o abandono do paradigma (da teoria vigente) e o surgimento de um novo paradigma. Esse processo não é algo que ocorre com frequência na ciência. Alguns exemplos de revolução dentro da física são, para Kuhn, a substituição da visão geocêntrica do universo pela heliocêntrica ou a substituição da mecânica clássica newtoniana pela relativística einsteiniana.

Segundo Kuhn (2000), o processo referente ao abandono de um paradigma e ao estabelecimento de um novo não se dá sem tensões e não ocorre de um dia para outro. Não se abandona um paradigma enquanto não houver outro que o substitua. Mas, uma vez estabelecido um novo paradigma, evidencia-se uma incompatibilidade com o anterior, ou seja, há uma **ruptura de ideias**.

Vejamos agora de que forma Bachelard (1996, p. 9-11) explica a ciência. Para ele, a ciência pode ser dividida em três grandes períodos:

~ **Pré-científico:** Corresponde à ciência desde a Antiguidade até o século XVIII; é representado pelo estado concreto, em que "o espírito se entretém com as primeiras imagens do fenômeno e se apoia numa literatura que exalta a natureza, louvando curiosamente ao mesmo tempo a unidade do mundo e sua rica diversidade".

~ **Científico:** Compreende a ciência do século XVIII até início do século XX; é caracterizado por um estado concreto abstrato. Trata-se de uma ciência baseada ainda nas experiências físicas, acrescidas de esquemas geométricos. Refere-se à época de Newton.

~ **Novo espírito científico:** Iniciado em 1905, é representado por um estado abstrato, quando a "Relatividade de Einstein deforma os conceitos primordiais que eram tidos como fixados para sempre. A partir dessa data, a razão [...] propõe as abstrações mais audaciosas".

Para Bachelard (1996, p. 18), o conhecimento se origina da busca de soluções para problemas consistentemente formulados:

> Em primeiro lugar, é preciso saber formular problemas. E, digam o que disserem, na vida científica os problemas não se formulam de modo espontâneo. É justamente esse **sentido do problema** que caracteriza o verdadeiro espírito científico. Para o espírito científico, todo conhecimento é resposta a uma pergunta. Se não há pergunta, não pode haver conhecimento científico. Nada é evidente. Nada é gratuito. Tudo é construído.

Na epistemologia bachelardiana, como aponta Lopes (1996, p. 18), o erro possui papel fundamental, pois é por meio da retificação do erro que se constrói o conhecimento científico. Nesse sentido, o erro assume uma função positiva na construção do saber. Diz Bachelard (1996, p. 17, grifo do original): "No fundo, o ato de conhecer dá-se **contra** um conhecimento anterior, destruindo conhecimentos mal estabelecidos".

Descontinuidade e **ruptura** entre conhecimento comum e saber científico também são noções por ele defendidas. Para Bachelard, é a partir de rupturas com o senso comum que se constrói o conhecimento científico. Crer na continuidade entre conhecimento comum e conhecimento científico seria, para Bachelard, considerar o segundo como uma atividade fácil, simples, ou seja, um refinamento do conhecimento de senso comum.

Essa ruptura é dificultada por **obstáculos epistemológicos**, que seriam causas de estagnação, de inércia, que surgem no próprio ato do conhecer.

Entre os obstáculos epistemológicos, Bachelard (1996) cita:
~ experiência ou observação primeira;
~ conhecimento geral, superficial;
~ obstáculo verbal;
~ conhecimento pragmático;
~ obstáculo substancialista;
~ obstáculo animista;
~ conhecimento quantitativo.

Esses obstáculos, que são epistemológicos, acabam se constituindo em obstáculos pedagógicos, na medida em que se configuram como resistências também à construção de conhecimento pelo aluno.

> Considerando esse aspecto, faça uma análise dos conhecimentos expressos pelos seus alunos nas aulas de Física, buscando exemplos em que a "experiência primeira" e o "substancialismo" tenham se configurado como **obstáculos pedagógicos**.

1.3 Sistematizando as concepções sobre a ciência na relação com o ensino de Física

Tendo anteriormente estudado algumas visões sobre a ciência, vamos agora analisar a seguinte questão: Que relações essas ideias podem ter com o ensino de Física? Como seria um ensino de Física baseado nas ideias empiristas? E nas ideias construtivistas de ciência?

Já havíamos dito anteriormente que, para qualquer situação de ensino, há uma concepção epistemológica subjacente, muitas vezes não explícita nem assumida conscientemente.

Em relação às ideias de Bachelard, o próprio fato de os obstáculos epistemológicos também representarem obstáculos pedagógicos já nos traz uma indicação de uma das relações de sua epistemologia com o ensino de Física. Mais adiante neste mesmo capítulo, discutindo a mudança conceitual, mediante os estudos de Mortimer (1996), a epistemologia de Bachelard será tomada como referência. Entretanto, em relação às outras ideias apresentadas (tais como as de Kuhn e Popper), iremos tentar evidenciar mais explicitamente algumas possíveis relações.

Conforme nos aponta Silveira (1996b), livros-texto muitas vezes trazem visões empiristas-indutivistas da ciência. Você já percebeu, em algum desses materiais, uma definição que se refere à física como uma ciência constuída a partir de observações da natureza? Ou, ainda, reduzindo a física a um método experimental, que parte da observação dos fenômenos, culminando na indução de leis ou princípios físicos? Esses são alguns elementos que podem caracterizar uma visão empirista-indutivista da ciência.

Também os roteiros de laboratório, tão utilizados nas aulas de Física, podem trazer essa inspiração empirista-indutivista, como será ressaltado no quarto capítulo deste livro.

E como seria o ensino sob uma inspiração popperiana? Podemos resgatar alguns princípios derivados da epistemologia popperiana, citados por Silveira (1996b, p. 227):

> 1. *A observação e experimentação, por si sós, não produzem conhecimentos [...]*
> 2. *toda observação e/ou experimentação estão impregnadas de pressupostos, teorias [...]*
> 3. *o conhecimento prévio determina como vemos a realidade, influenciando a observação [...]*
> 4. *o conhecimento científico é uma construção humana que intenciona descrever, compreender e agir sobre a realidade [...]*
> 5. *a obtenção de um novo conhecimento sendo um ato de construção*

que envolve a imaginação, a intuição e a razão, está sujeito a todo tipo de influências [...]

6. *a aquisição de um novo conhecimento se dá a partir dos conhecimentos anteriores, [...] e o abandono de uma teoria implica em [sic] reconhecer outra como melhor.*

Em relação ao ensino de Física sob um enfoque da epistemologia kuhniana, Ostermann (1996) defende que adotar essa postura filosófica implica admitir as revoluções no desenvolvimento da ciência, sendo que isso se torna importante, uma vez que, em geral, a ciência é ingenuamente vista como um empreendimento que se desenvolve de forma linear, sem rupturas.

Em Zylbersztajn (1991), observamos que é possível ressaltar alguns encaminhamentos para o ensino, considerando os alunos como cientistas kuhnianos, como "cientistas em uma revolução". Nesses encaminhamentos, inicialmente é necessário elevar o nível de consciência deles acerca de suas próprias concepções sobre os conteúdos da aula. Num segundo momento, podem ser introduzidas algumas situações que fariam o papel de anomalias, gerando desconforto e insatisfação com as concepções próprias. Em um terceiro momento, haveria a introdução da nova teoria, que traria o conteúdo físico em estudo. Dessa maneira, o professor seria um "cientista" tentando converter os alunos a um novo paradigma. Finalmente, viria uma fase de articulação dos novos conceitos, pois, ao final da "revolução conceitual", espera-se que eles, agora como "cientistas normais", aceitem melhor as novas concepções. Nesse estágio, "os esforços devem ser dirigidos para as interpretações de situações e à resolução de problemas, de acordo com as novas ideias introduzidas" (Zylbersztajn, 1991, p. 59).

1.4 A ciência física e os conteúdos escolares de Física

Já estudamos as visões sobre ciência em relacionadas ao ensino de Física. Agora, estudaremos a ciência física em relação ao conteúdo escolar da disciplina de Física.

Será que os conteúdos de Física que ensinamos na escola são os mesmos da ciência física tal qual produzida pelos cientistas? Você já parou para pensar em quais são as relações entre a ciência física e a disciplina de Física? Seriam a mesma coisa?

É importante refletirmos sobre essa questão para compreendermos melhor a nossa disciplina e os conteúdos de Física abordados nela a partir da ciência física. Para isso, o conceito de **transposição didática** será aqui utilizado como referencial, fazendo com que entendamos que, da ciência à sala de aula, os saberes passam por um processo bem mais complexo do que uma mera "simplificação".

1.4.1 Transposição didática: do conceito científico ao conteúdo escolar

A ideia de transposição didática foi formulada inicialmente pelo sociólogo francês Michel Verret em 1975. No entanto, essa noção foi retomada e estudada por Yvez Chevallard, em 1980, num contexto específico, o da matemática. A partir disso, foi construída, então, uma teoria.

Essa teoria remete-nos aos trabalhos de Chevallard e Marie-Alberte Johsua, que estudaram as transformações sofridas pelo conceito matemático de **distância**, desde a sua introdução no campo da pesquisa em matemática, em 1906, até a sua inserção como conteúdo nos programas de geometria, em 1971 (Astolfi; Develay, 1995).

De uma forma geral, podemos dizer que a transposição didática refere-se ao processo de transformações (transposições) pelas quais determinados saberes passam, da construção pelos cientistas até o saber ensinado na escola como um conteúdo escolar. O objeto que está sujeito às transformações são os saberes. Estes, por sua vez, são (Alves Filho, 2000):

~ **Saber Sábio**: Esse saber é produto do trabalho dos cientistas/intelectuais na busca de um entendimento sobre a realidade, na construção do ser humano acerca da natureza. Esse saber, quando publicado como resultado de alguma investigação feita por um cientista, é apresentado numa linguagem muito própria na qual o pesquisador está inserido. Dessa forma, ele encontra-se limpo e depurado em linguagem impessoal, sendo omitido todo o processo de sua construção. Percebemos, assim, que esse saber já passa por um primeiro processo de descontextualização, despersonalização e reformulação na esfera da própria ciência, sendo disponibilizado ao público por meio das publicações científicas.

~ **Saber a Ensinar**: Uma vez que o Saber Sábio seja aceito e estabelecido dentro da comunidade da ciência, este deve ser transmitido para os profissionais da área. Para que isso aconteça, é necessário um novo processo de transformação desse saber, transfigurando-o num novo saber, denominado *Saber a Ensinar*. Essa transformação chama-se *transposição didática*, e, nesse processo, já não são mais os cientistas os responsáveis pela transformação, mas um outro grupo, sob regras próprias. Passando por novo processo de descontextualização e degradação do Saber Sábio, o produto resultante dessa transposição é um saber organizado e hierarquizado em grau de dificuldade, sendo disponibilizado ao público mediante manuais e livros-texto didáticos, especialmente produzidos para serem comunicados a um outro público. Agora, já em forma de conteúdo, esse saber é organizado de modo fechado, dogmatizado, descontextualizado historicamente, numa lógica sequenciada, num outro estatuto epistemológico, diferente daquele que gera o Saber Sábio.

~ **Saber Ensinado**: No momento de preparação de uma aula, os manuais e livros-texto são usados como base pelo professor. É um momento em que ocorre novamente um outro processo de transposição do saber, em que o Saber a Ensinar passa a ser o **Saber Ensinado**. Essa transposição ocorre no ambiente escolar, no qual entram em negociação sujeitos e elementos próprios da escola.

Um outro aspecto importante do processo de transposição didática são as **práticas sociais de referência**, citadas por Astolfi e Develay (1995, p. 53), que, com base em Martinand, ressaltam a necessidade de

> *partir de atividades sociais diversas (que podem ser atividades de pesquisa, de engenharia, de produção, mas também de atividades domésticas, culturais...) que possam servir de referência a atividades científicas escolares, e a partir das quais se examina os problemas a resolver, os métodos e atitudes, os saberes correspondentes.*

Alves Filho (2000) alerta sobre a importância das práticas sociais de referência, que podem ajudar a evitar a utilização de exemplos que não são significativos aos estudantes, quando estes não fazem parte de sua cultura. Seria uma forma de atenuar o dogmatismo e o formalismo impostos pela transposição de um Saber Sábio a um Saber a Ensinar.

Essa transposição pela qual um Saber Sábio gera conteúdos de ensino não deve ser vista como um processo de degradação de um conceito. Pelo contrário, como lembra Alves Filho (2000), desconsiderar a existência da transposição didática seria o mesmo que entender que os conceitos presentes nos livros-texto são reproduções fiéis do produto do trabalho dos cientistas. O autor ainda lembra da necessidade de o professor ter consciência desse processo e da importância das práticas sociais de referência, sem as quais se poderia abrir espaço para imperar o dogmatismo dos conteúdos escolares.

Um exemplo de transposição didática pode ser visto em Alves Filho, Pietrocola e Pinheiro (2001), por meio do qual é possível perceber o contexto de elaboração dos conceitos em eletrostática ao longo da história da ciência e a sua relação com a forma como esses conteúdos aparecem hoje nos livros, currículos ou nos planejamentos de Física.

1.5 Concepção de ensino-aprendizagem: os conhecimentos prévios dos estudantes e as estratégias de mudança conceitual

Na década de 1970, ganharam força estudos relacionados ao conhecimento prévio dos estudantes sobre conceitos que fazem parte dos currículos escolares. No caso específico da Física, muitos pesquisadores se dedicaram a estudar os conhecimentos dos estudantes em diferentes áreas: mecânica, óptica, termologia, eletricidade, magnetismo, astronomia, entre outros.

Esses conhecimentos dos estudantes são denominados de diferentes formas: ideias, concepções ou conceitos intuitivos, alternativos, prévios, de senso comum, entre outros. Resguardadas as diferenças conceituais que existem entre essas expressões, aqui iremos nos referir a elas como conhecimentos prévios, preconcepções ou concepções espontâneas, que são construídos tanto dentro como fora do âmbito escolar. Em alguns casos, podem ser errôneos ou conflitantes, em outros, similares/próximos ao conteúdo de Física que se quer ensinar na escola.

Nesse sentido, foram desenvolvidos muitos trabalhos de investigação preocupados com o levantamento dos conhecimentos dos estudantes, e hoje se possui um mapeamento considerável acerca das concepções desses estudantes em ciências. Uma pesquisa bibliográfica em periódicos da área de ensino de Física pode resultar no levantamento de um número elevado de artigos nessa linha.

Para você compreender melhor o que estamos falando, sugerimos o desenvolvimento das seguintes atividades em sala de aula:

a. Oriente os alunos para que toquem em um objeto metálico (por exemplo, uma pia de inox) e em um objeto de madeira (por exemplo, uma tábua de carne), que tenham ficado num mesmo ambiente (nesse caso, a cozinha) por um certo período de tempo. Peça que os estudantes deem a sua opinião a respeito da temperatura dos objetos tocados. Anote-as.

b. Solicite aos alunos que considerem a seguinte situação: Duas mesas – uma de madeira e outra metálica – foram deixadas em uma mesma sala durante um longo período. Ao final desse período, foram colocados, sobre cada uma delas, um cubo de gelo, um bastante semelhante ao outro. Pergunte aos alunos qual dos dois cubos derreterá mais rapidamente e, depois, peça que expliquem suas respostas.

Ressaltamos a importância de **anotar as respostas e as reflexões dos alunos** para resgatá-las posteriormente. No caso da atividade (b), é possível simular a situação descrita substituindo as mesas e colocando os cubos de gelo sobre uma superfície metálica (tal como a pia de inox) e uma superfície de madeira (como um balcão ou a tábua de carne).

É interessante comentar alguns resultados comumente encontrados quando essas atividades forem desenvolvidas. Sugerimos que, antes de prosseguir a leitura deste texto, você, professor, faça as atividades e as anotações conforme indicado.

Na atividade (a), percebemos que muitos estudantes não estimam a temperatura dos objetos tocados, mas fazem comentários acerca da sensação térmica resultante. Em geral, eles dizem: "o metal está mais frio" ou "a madeira está mais quente". Entre os que arriscam mencionar alguma temperatura, vários estimam uma bem menor para o objeto metálico ao compará-lo com o de madeira. Alguns relatam que as temperaturas serão praticamente iguais, pois os objetos estariam em equilíbrio térmico.

Já em relação à atividade (b), vários estudantes afirmam que o cubo derreterá mais rapidamente na mesa de madeira. Outros (que, na questão anterior, responderam utilizando-se do conceito de equilíbrio térmico) dizem que os cubos de gelo irão derreter ao mesmo tempo, uma vez que os objetos estão em equilíbrio térmico. Do ponto de vista físico, embora os objetos estejam ou possam estar em equilíbrio térmico, há um outro elemento a ser considerado: os diferentes coeficientes de condutividade térmica dos dois materiais considerados, o que implica que, na mesa de metal, o cubo de gelo irá fundir mais rapidamente do que na mesa de madeira.

Dessa forma, é possível observar que, quando o professor apresenta questões fora do formato usualmente utilizado em sala de aula (exercícios numéricos, centrados nos cálculos matemáticos, repetitivos e com pouca análise conceitual), até mesmo estudantes que já haviam estudado os referidos conteúdos anteriormente podem recorrer a um conhecimento alternativo para responder às questões propostas.

Os trabalhos de investigação nessa área mostram que esses conhecimentos são bastante pessoais e muito resistentes a mudanças. Nesse sentido, é importante que o professor, no planejamento de suas aulas, não desconsidere a existência dos conhecimentos prévios dos alunos. Nesse contexto, é interessante resgatar um trecho do livro A *formação do espírito científico*, de Bachelard (1996, p. 23):

> *Acho surpreendente que os professores de ciências, mais do que os outros se possível fosse, não compreendam que alguém não compreenda... Os professores de ciências imaginam que o espírito começa com uma aula, que é sempre possível reconstruir uma cultura falha pela repetição da lição, que se pode fazer entender uma demonstração repetindo-a ponto por ponto.* **Não levam em conta que o adolescente entra na**

aula de física com conhecimentos empíricos já constituídos: não se trata, portanto, de adquirir uma cultura experimental, mas sim de mudar de cultura experimental. [grifo nosso]

Entendendo a necessidade de se buscar estratégias de ensino que levem em conta os conhecimentos prévios dos estudantes, os professores-pesquisadores em ensino de ciências saíram da fase de estudos de mapeamento das ideias dos alunos para iniciarem uma fase de estudos acerca de estratégias que possam levar o aluno a superar esses conhecimentos prévios, objetivando a construção de um conhecimento científico.

Nesse sentido, as investigações em ensino de ciências passaram a englobar o estudo de estratégias para a Mudança Conceitual. Dentro dessa linha, diferentes pesquisadores, em variados contextos, passaram a estudar estratégias de ensino que considerassem a existência dos conhecimentos prévios dos estudantes. Com diferentes abordagens, de uma forma geral, essas estratégias foram estruturadas dentro de algumas diretrizes. Inspirados em Villani (1989), ressaltamos algumas delas, fazendo algumas adaptações e trazendo também contribuições de outros autores, tal como Santos (1991), cujas estratégias de mudança conceitual são discutidas com base na epistemologia bachelardiana.

Em Santos (1991), encontramos estratégias baseadas no que ela chama de **troca conceitual** (focalizando a atenção nos conhecimentos prévios que seriam inconsistentes, inconciliáveis com os conceitos a aprender) e também estratégias de **captura conceitual** (quando os conhecimentos prévios são consistentes, logo, conciliáveis com os conceitos a serem aprendidos).

A seguir, apresentamos tais estratégias. Elas são inicialmente resumidas no Quadro 1.1 e explicitadas nos subitens a seguir.

Quadro 1.1 – Resumo de estratégias de mudança conceitual

Troca conceitual – conflito cognitivo	Captura conceitual – congruência cognitiva
Trazer à tona os conhecimentos prévios dos alunos.	
Estabelecer "conflitos" ou "pontes", dependendo da natureza dos conhecimentos prévios:	
Problematizar o conhecimento prévio em seus pontos fracos e diminuir a segurança nesses conhecimentos;	Estabelecer "pontes" entre o conhecimento prévio e o conteúdo escolar.
Mostrar o poder de aplicação do conteúdo escolar:	
Desenvolver o conteúdo escolar até conseguir aplicá-lo aos contraexemplos;	Selecionar algumas explicações alternativas e desenvolvê-las de forma a convergir para a explicação científica.
Aumentar a consistência do novo conhecimento.	

Fonte: Adaptado de VILLANI, 1989; SANTOS, 1991.

1.5.1 Trazer à tona os conhecimentos prévios dos alunos

Tanto na troca quanto na captura conceitual, inicialmente é necessário trazer à tona ou tornar explícitos os conhecimentos que o estudante já possui acerca dos fenômenos ou dos conteúdos que se quer estudar em sala de aula.

Para tal, sugere-se, por exemplo, apresentar a problematização de uma determinada situação ou fenômeno (ver o terceiro capítulo), a partir da qual os estudantes possam dar suas opiniões acerca da situação ou do fenômeno apresentado em discussão.

Além do debate em torno de uma situação-problema, é possível utilizar outras estratégias para trazer à tona os conhecimentos dos alunos. Podemos apresentar a eles diferentes explicações ou visões sobre um mesmo conteúdo, solicitando que se posicionem frente a elas. Nesse ponto, a história da física (ver o quinto capítulo) pode trazer um auxílio importante. Isso porque, levando em conta alguns conceitos, ela pode fornecer exemplos de explicações alternativas, que podem parecer bastante plausíveis aos alunos. Também podemos utilizar, por exemplo, alguma atividade prática em sala (ver o quarto capítulo), de forma que os alunos precisem realizar alguma previsão durante o desenvolvimento de tal atividade.

No estudo da queda de objetos, uma atividade frequente em aulas de Física pode ser utilizada como exemplo: Selecionando adequadamente dois objetos de massas diferentes (uma folha de papel e um livro, por exemplo), é possível questionar os estudantes: se os dois objetos forem soltos de uma mesma altura, qual deles atingiria o solo primeiro? O tempo de queda seria igual para ambos os objetos? Em caso de ser diferente, para qual situação o tempo de queda seria menor? Por quê? Provavelmente alguns alunos façam a previsão de que o objeto "mais pesado cai antes". O professor pode, então, realizar a "experiência", que, nesse caso, provavelmente irá confirmar a previsão dos estudantes.

Na continuidade, o professor pode propor uma segunda situação: E se soltássemos duas folhas de papel idênticas de uma mesma altura? Provavelmente, a previsão de alguns estudantes é de que os materiais chegariam no solo ao mesmo tempo, uma vez que são idênticos e possuem a mesma massa e, portanto, o mesmo peso.

Essas situações, quando utilizadas didaticamente pelo professor, podem desencadear discussões em sala de aula, trazendo à tona explicações para que os alunos compreendam determinados fenômenos.

Muitas vezes, as explicações dos discentes podem ser diferentes entre si. Considerando isso, é importante mencionar que a consciência de que, entre os colegas, há diferentes explicações para uma mesma situação ou fenômeno pode fazer com que o estudante perca um pouco da confiança em sua resposta. Afinal, quem estaria correto?

1.5.2 Estabelecer "conflito" ou "pontes", dependendo da natureza dos conhecimentos prévios

Aqui, é possível propor diferentes caminhos, considerando a troca e a captura conceitual, descritas a seguir.

Troca conceitual (conflito)

Consiste em problematizar o conhecimento alternativo em seus pontos fracos e em diminuir a segurança.

Nos casos de os conhecimentos prévios dos alunos serem inconsistentes ou conflitantes com o conteúdo que se quer ensinar, podemos buscar contraexemplos que possam, de alguma forma, fragilizar a explicação alternativa do aluno. No caso da utilização de alguma atividade prática, na qual se solicitou, por exemplo, a previsão de algum fenômeno pelos alunos, podemos mostrar ao aluno que o ocorrido é diferente do que ele havia previsto.

Continuando com o exemplo da queda de objetos, o professor pode propor uma terceira situação: Se amassássemos uma das folhas de papel formando uma esfera, e soltássemos as duas folhas (uma amassada e a outra aberta) de uma mesma altura, o que aconteceria? Usando a explicação anterior, elas deveriam chegar ao mesmo tempo no solo, já que possuem a mesma massa.

Nesse caso, ao soltar os dois materiais, o professor pode mostrar que dois objetos com a mesma massa e, portanto, com o mesmo peso, terão um tempo de queda diferentes entre si, contrariando a previsão e a explicação dos estudantes. Essa situação, se bem problematizada, pode diminuir a segurança dos estudantes em suas explicações.

Santos (1991) nos aponta algumas estratégias de ensino que podem ser úteis nesses casos:

~ desenvolver atividades práticas que podem infirmar os conhecimentos prévios;

- buscar exemplos na história da ciência que ajudem a detectar obstáculos epistemológicos;
- buscar contraexemplos e ideias discrepantes;
- encontrar situações que, na história da ciência, serviram para superar obstáculos epistemológicos;
- considerar, para a discussão em sala de aula, várias respostas apresentadas pelos alunos, e não apenas aquelas consideradas certas;
- perceber a diversidade dos contextos para fazer com que os significados diferentes atribuídos às mesmas palavras sejam mais precisos.

Entretanto, nos casos em que as explicações não são explicitamente conflitantes com o conteúdo que se quer ensinar em sala de aula, o que pode ser feito? Nessas situações, sugerimos a estratégia a seguir.

Captura conceitual (ponte)

Consiste em estabelecer "pontes" entre o conhecimento prévio e o científico.

Santos (1991), com base na epistemologia bachelardiana, auxilia na busca por estratégias em que o conhecimento dos alunos seja conciliável com os conteúdos que se quer ensinar. Entre as estratégias de ensino consistentes com a captura conceitual, são sugeridas as seguintes ações:

- desenvolver trabalhos práticos para confirmar as ideias prévias;
- buscar, ao longo do desenvolvimento das ideias na história da ciência, alguns fios condutores;
- encontrar exemplos diferentes que sejam congruentes com as ideias prévias, que, por sua vez, devem ser apresentadas numa progressão adequada.

1.5.3 Mostrar o poder de explicação do conhecimento científico

Como no caso anterior, também é necessário considerar diferentes caminhos, levando em conta a troca ou a captura conceitual. Nesse contexto, podemos considerar as seguintes possibilidades:

Troca conceitual (conflito)

Consiste em desenvolver o conhecimento científico até conseguir aplicá-lo aos contraexemplos.

Os contraexemplos utilizados irão problematizar o conhecimento prévio do aluno, uma vez que mostrarão uma situação na qual a explicação dele é inconsistente.

Para esses casos, Villani (1989) sugere que se desenvolva o conhecimento científico até conseguir aplicá-lo aos fenômenos que se constituem em contraexemplos, mostrando que o conhecimento científico dá conta de explicar a situação na qual a concepção do aluno pareceu problemática.

Por exemplo: Na discussão sobre a queda de diferentes objetos, é possível que alguns estudantes afirmem que o objeto "mais pesado" chega antes ao chão.

Nas três situações problematizadas pelo professor (inicialmente, dois objetos de massa diferentes – uma folha de papel e um livro; depois, dois objetos de mesma massa e forma – duas folhas de papel abertas; e, finalmente, dois objetos de mesma massa, mas com forma e volume diferentes – uma folha de papel amassada e outra aberta), a explicação de que o objeto "mais pesado" chega antes ao chão irá funcionar somente nos dois primeiros casos, estando em conflito com a terceira situação descrita. Por outro lado, com a utilização da Lei de Newton, considerando-se a Força Peso e a resistência do ar, é possível explicar simultaneamente ambos os casos.

Captura conceitual

Envolve a seleção de algumas explicações alternativas e o desenvolvimento destas de forma a convergir para a explicação científica.

Na análise dos contraexemplos, podemos selecionar, entre a diversidade de explicações apresentadas pelos alunos, algumas que tenham potencial para convergir para a explicação científica.

No exemplo da queda dos corpos, podem ser selecionadas, entre as diversas explicações dadas pelos estudantes, aquelas que se referem a algum tipo de "vento" agindo sobre os objetos de menor massa, ou alguma interferência do ar. A análise dessas explicações pode orientar a discussão acerca da força de resistência do ar, influenciando no movimento de queda dos corpos.

1.5.4 Aumentar a consistência do conhecimento científico

Finalmente, tanto na troca quanto na captura conceitual, é importante fazer um trabalho sistemático, que leve o aluno a perceber o valor do novo conhecimento, ampliando-o a outros contextos ou situações e aumentando a consistência do novo conhecimento que está em elaboração.

Nesse sentido, entram em jogo atividades em que os alunos possam realizar sínteses e trazer outras situações diferentes nas quais os novos conhecimentos sejam utilizados, percebendo as simplificações ou as aproximações necessárias na análise de cada caso e ampliando o campo de aplicação dos conhecimentos em questão.

1.6 Novos olhares sobre a mudança conceitual

Após estudar as estratégias de mudança conceitual, poderíamos, então, fazer o seguinte questionamento: Será que o objetivo do ensino de Física seria "destruir" as ideias alternativas dos alunos e substituí-las pelo conhecimento científico? (Villani, 1989)

Podemos perceber, em alguns modelos de mudança conceitual, a expectativa de que as ideias prévias dos estudantes sejam abandonadas e substituídas definitivamente pelo conhecimento científico. Entretanto, como ressalta Peduzzi (2001), vários trabalhos indicam que estas podem sobreviver ao processo de ensino, passando a **coexistir com o** conhecimento científico. O caso específico que a autora cita é a utilização da lei **Fr** = **m·a** (a força resultante aplicada é diretamente proporcional à aceleração). Quando os alunos resolvem problemas numéricos, eles se utilizam corretamente da relação **Fr** = **m·a**. Porém, quando estão frente a questões qualitativas, voltam a usar um esquema alternativo errôneo **Fr** = **k·v**, ou seja, consideram a Força resultante diretamente proporcional à Velocidade, e não à Aceleração.*

Moreira, citada por Peduzzi (2001, p. 68), ressalta que o ensino de ciências por mudança conceitual deveria enfatizar "não o abandono de significados alternativos, mas o adquirir consciência de que tais significados são errôneos no contexto científico".

Para refletirmos sobre essa questão, traremos para a nossa discussão algumas ideias do professor Eduardo Fleury Mortimer, a partir de suas pesquisas em ensino de ciências.

Mortimer (1996), dentro das discussões sobre a mudança conceitual, traz novos referenciais e importantes contribuições para repensar esse debate. Em seu artigo intitulado *Construtivismo, mudança conceitual e ensino de ciências: para onde vamos?*, esse pesquisador constrói a noção de **perfil conceitual**, à luz do **perfil epistemológico** bachelardiano. Não iremos, aqui, aprofundar essas duas noções, mas trazer algumas implicações do perfil conceitual de Mortimer numa outra forma de encarar os conhecimentos prévios dos alunos no processo de ensino na escola. Segundo suas palavras:

> Essa noção permite entender a evolução das ideias dos estudantes em sala de aula não como uma substituição de ideias alternativas por ideias científicas, mas como a evolução de um perfil de concepções, em que as novas ideias adquiridas no processo de ensino-aprendizagem passam a conviver com as ideias anteriores, sendo que cada uma delas

---

* Para aprofundamentos, consultar Peduzzi (2001).

pode ser empregada no contexto conveniente. Através dessa noção é possível situar as ideias dos estudantes num contexto mais amplo que admite sua convivência com o saber escolar e com o saber científico.
(Mortimer, 1996, p. 1)

Sob essa forma de compreender o processo do ensino escolar de Física, mudam-se as expectativas quanto ao destino dos conhecimentos alternativos dos estudantes. É importante, então, que eles construam as novas explicações, conseguindo distinguir em que contextos é apropriado e necessário utilizar o novo conhecimento.

Um exemplo que podemos trazer envolve o conceito de condutividade térmica dos materiais. Uma forma bastante comum de as pessoas se referirem aos agasalhos é dizerem que eles são "quentes" ou que "esquentam". Na escola, ensinamos que os agasalhos de lã não esquentam, mas permitem que se mantenha a temperatura corporal, já que são bons isolantes térmicos. Mesmo após o processo do ensino desse conceito em sala de aula, é possível que as pessoas continuem a se referir dessa forma aos agasalhos. Não se espera que alguém chegue a uma loja e peça por um "bom casaco, feito de um bom isolante térmico", pois, nesse caso, talvez o vendedor não o compreenda.

Entretanto, se considerarmos uma outra situação/contexto, pode ser necessário que as pessoas utilizem o conhecimento de que a lã não esquenta, mas é um bom isolante térmico. Por exemplo: imaginemos uma situação na qual precisamos conservar um cubo de gelo sem ter um recipiente adequado para isso (uma caixa térmica, por exemplo). Tendo à disposição para resolver a situação apenas uma blusa de seda e uma blusa de lã, se fizermos o uso da noção de que a lã "esquenta", jamais escolheríamos a segunda blusa para embrulhar o cubo de gelo. Talvez escolhêssemos aquela de seda, uma vez que essa é mais "gelada" ao toque e, portanto, poderia manter o cubo de gelo por mais tempo.

Aqui, diferentemente da situação na loja de agasalhos, não podemos negar a importância do conhecimento científico, sendo necessário utilizar os conceitos adquiridos sobre materiais condutores e isolantes térmicos para escolher a lã para embrulhar o cubo de gelo, a fim de obtermos um bom resultado e evitar o seu derretimento pelo maior tempo possível.

Pensando nessa situação, não se sinta tentado a fazer com que o aluno passe a pedir por "um agasalho feito de um bom isolante térmico" na próxima compra, mas também com que ele não prefira uma caneca de alumínio a uma de vidro para conservar a água gelada, pensando que a primeira mantém o líquido a uma temperatura mais baixa por mais tempo.

Síntese

Este primeiro capítulo abordou alguns fundamentos da didática da física, que, conforme colocamos, devem balizar o ensino de Física independentemente da estratégia didática que for adotada.

Iniciamos nossas reflexões partindo das concepções de ciência (empirismo, racionalismo e construtivismo), focalizando dentro do construtivismo as ideias de três filósofos: Thomas Kuhn, Gaston Bachelard e Karl Popper. Das diferentes formas que esses três filósofos explicam a ciência, buscamos estabelecer relações com o ensino de Física.

Na sequência, os estudos da transposição didática nos permitiram refletir se os conhecimentos que ensinamos nas escolas são aqueles que os cientistas elaboram, o que nos permitiu perceber que, da física do cientista aos conteúdos de Física ministrados em sala de aula, há um grande processo de transformação, que não deve ser entendido como mera simplificação.

Finalmente, mediante a problematização de que nossos estudantes já possuem algum conhecimento prévio quando chegam à sala de aula (conhecimentos esses construídos tanto no contexto escolar como fora dele), trouxemos algumas estratégias, finalizando com os recentes estudos sobre a mudança conceitual baseados nos estudos de Mortimer.

Indicações culturais

ALVES FILHO, J. P.; PIETROCOLA, M.; PINHEIRO, T. A eletrostática como exemplo de transposição didática. In: PIETROCOLA, M. (Org.). **Ensino de Física**: conteúdo, metodologia e epistemologia. Florianópolis: Ed. da UFSC, 2001.

Nesse texto, Alves Filho, Pietrocola e Pinheiro desenvolvem um exemplo de transposição didática, por meio do qual é possível perceber o contexto de elaboração dos conceitos em eletrostática ao longo da história da ciência e a sua relação com a forma que hoje esses conteúdos aparecem nos livros, currículos ou nos nossos planejamentos da disciplina de Física. É um texto bastante interessante tanto para a compreensão do processo de transposição didática quanto para um melhor entendimento da história de desenvolvimento dos conceitos em eletrostática.

BACHELARD, G. **A formação do espírito científico**. Rio de Janeiro: Contraponto, 1996.

Nessa obra, Bachelard explica detalhadamente cada um dos obstáculos epistemológicos: a experiência primeira, o conhecimento geral, o obstáculo verbal, o conhecimento unitário e pragmático, o obstáculo substancialista, o animista e o conhecimento quantitativo. O autor desenvolve cada um deles com exemplos retirados da história da ciência.

CADERNO CATARINENSE DE ENSINO DE FÍSICA. Florianópolis: UFSC, v. 13, n. 3, dez. 1996. Disponível em: <http://www.fsc.ufsc.br/ccef>.

Importante referência para aqueles que desejam iniciar seus estudos em filosofia da ciência, esse número é dedicado exclusivamente aos estudos da epistemologia de Karl Popper, Thomas Kuhn, Imre Lakatos, Paul

Feyerabend e Gastón Bachelard. Escritos por reconhecidos pesquisadores em ensino de ciências e Física, os capítulos do caderno trazem, ao final, algumas reflexões sobre as relações da epistemologia com o ensino de ciências.

PEDUZZI, S. Concepções alternativas em mecânica. In: PIETROCOLA, M. (Org.). **Ensino de Física:** conteúdo, metodologia e epistemologia. Florianópolis: Ed. da UFSC, 2001.

Nas pesquisas sobre o ensino de ciências, ganharam força na década de 1970 estudos acerca do conhecimento dos estudantes sobre conceitos científicos. No caso da física especificamente, muitos pesquisadores se dedicaram a estudar os conhecimentos dos estudantes em diferentes áreas: mecânica, óptica, termologia, eletricidade, magnetismo, astronomia, entre outras. Peduzzi nos apresenta um texto com vários exemplos de concepções de alunos em conteúdos de mecânica. É um texto muito interessante, uma vez que muitas concepções explicitadas pelo autor podem ser observadas em nossos estudantes do ensino médio.

Atividades de Autoavaliação

1. Com relação às concepções de ciência apresentadas no primeiro capítulo, relacione as alternativas de acordo com as afirmações:
   a) Empirismo
   b) Indutivismo
   c) Construtivismo
   d) Racionalismo

   ( ) É uma concepção de ciência; utiliza-se dos métodos dedutivo e indutivo.
   ( ) É uma concepção de ciência; utiliza-se de métodos dedutivos.

( ) É uma concepção de ciência; utiliza-se de métodos indutivos.

( ) É um processo utilizado no empirismo da construção do conhecimento.

2. Com relação aos conhecimentos dos estudantes sobre os conteúdos de Física, analise as afirmações a seguir e indique com (V) as verdadeiras e com (F) as falsas:

( ) Quando se percebe, antes da situação de ensino, que os estudantes possuem alguns conhecimentos errôneos acerca do que se quer ensinar, o professor deve evitar ao máximo que eles os expressem, a fim de não influenciar negativamente seus colegas.

( ) Os alunos possuem conhecimentos prévios sobre os conteúdos de física que queremos ensinar na escola, e esses são estruturados e resistentes às mudanças; nesse sentido, é importante que eles venham para a escola sem esses conhecimentos.

( ) Os estudantes, em geral, possuem conhecimentos prévios sobre o que se estuda em física, mas estes são sempre equivocados, uma vez que são construídos em sua vivência cotidiana.

( ) É importante reconhecer que os estudantes vêm para a sala de aula com conhecimentos prévios sobre o que ensinamos em física. Daí a importância de realizarmos uma problematização de tais conhecimentos nas aulas da disciplina.

3. Com relação às afirmações a seguir sobre mudança conceitual, é correto afirmar que:

a) Para Mortimer, a mudança conceitual é um processo por meio do qual os alunos, caso sejam bem sucedidos, abandonaram seus conhecimentos prévios (quando errôneos) e passaram a utilizar somente o conhecimento científico.

b) Dentro de uma estratégia de mudança conceitual, nunca se deve levar o aluno a um conflito cognitivo, pois ele pode se desestimular para o estudo.

c) Quando se percebe que o conhecimento prévio do estudante é conflitante com o conceito físico que se quer ensinar, pode-se utilizar da captura conceitual.

d) Embora haja diferenças entre a troca conceitual e a captura conceitual, nas duas estratégias sugere-se que sejam trazidas à tona os conhecimentos prévios dos estudantes, sejam eles similares ou conflitantes com o conteúdo físico.

4. Considerando os estudos realizados no primeiro capítulo sobre concepções de ciência, relacione as alternativas de acordo com as afirmações e, depois, assinale a alternativa que apresenta a sequência correta:
I) Ideias de Kuhn sobre a ciência
II) Ideias de Bachelard sobre a ciência
III) Ideias de Popper sobre a ciência

( ) Não é possível provar se um determinado conhecimento é verdadeiro, mas é possível provar que ele é falso. Ou seja, é assim que a ciência evolui: por conjecturas e refutações.

( ) A ciência evolui intercalando períodos de ciência normal, crises e revolução científica, sendo que, em períodos de ciência normal, os cientistas trabalham no aperfeiçoamento do paradigma vigente.

( ) O conhecimento científico é estabelecido a partir de uma ruptura com o senso comum: é necessário se desvencilhar dos conhecimentos anteriores para progredir em ciências.

a) III, I, II.
b) III, II, I.
c) II, II, I.
d) I, I, II.

5. Tendo como referência os estudos realizados sobre a transposição didática, é correto afirmar:
   a) Os conteúdos escolares são trabalhados tal qual foram produzidos pelos cientistas.
   b) O Saber Sábio é aquele ensinado pelo professor na escola.
   c) O Saber Sábio passa por um processo de transformação, sendo modificado em um novo saber, denominado *Saber Ensinar*.
   d) O Saber Ensinar não passa por transformações, por ser o resultado de uma construção científica.

Atividades de Aprendizagem

Questões para reflexão

1. Em relação ao que foi apresentado neste capítulo, descreva quais são as semelhanças e as diferenças que podem ser observadas entre a visão de Popper e a de Kuhn sobre a ciência.
   Com qual delas você mais se identifica?

2. Agora que estudamos algumas diferentes concepções sobre a ciência, retornemos à atividade adaptada de Borges, proposta no início deste capítulo. É possível identificar os textos dentro das concepções de ciência apresentadas? Retorne às suas respostas e analise-as: com quais concepções você mais se identifica?

Atividade aplicada: prática

1. A seguir, resgatamos as duas questões que utilizamos neste capítulo, sobre conhecimentos prévios dos estudantes:
   a) Toque em um objeto metálico (uma pia de inox, por exemplo) e em um objeto de madeira (uma tábua de carne, por exemplo) que tenham ficado num mesmo ambiente (nesse caso, na

cozinha) por um certo período de tempo. Faça uma estimativa da temperatura de ambos. Anote os dados.

b) Duas mesas – uma de madeira e outra metálica – foram deixadas em uma mesma sala durante um longo período. Ao final, foram colocados, sobre cada uma delas, cubos de gelo, bastante semelhantes entre si. Qual dos dois cubos derreterá mais rapidamente? Explique a sua resposta.

Sugerimos que você passe as atividades anteriores a alunos do ensino médio, em diferentes grupos:

~ alunos que ainda não estudaram o conteúdo (do 1º ano, por exemplo);
~ alunos que estudaram o conteúdo recentemente (em geral, do 2º ano);
~ alunos que já tiveram contato com tal conteúdo há algum tempo (alunos do 3º ano, que já terminaram o ensino médio ou, ainda, estudantes universitários).

Analise o tipo de respostas obtidas e, além de verificar quantos alunos acertaram ou erraram as questões, verifique o tipo de justificativa, ou seja, o conteúdo das respostas.

Compare os resultados que relatamos no primeiro capítulo com a análise das respostas de seus alunos.

$$\frac{-b \pm \sqrt{b^2 - 4ac}}{2a}$$

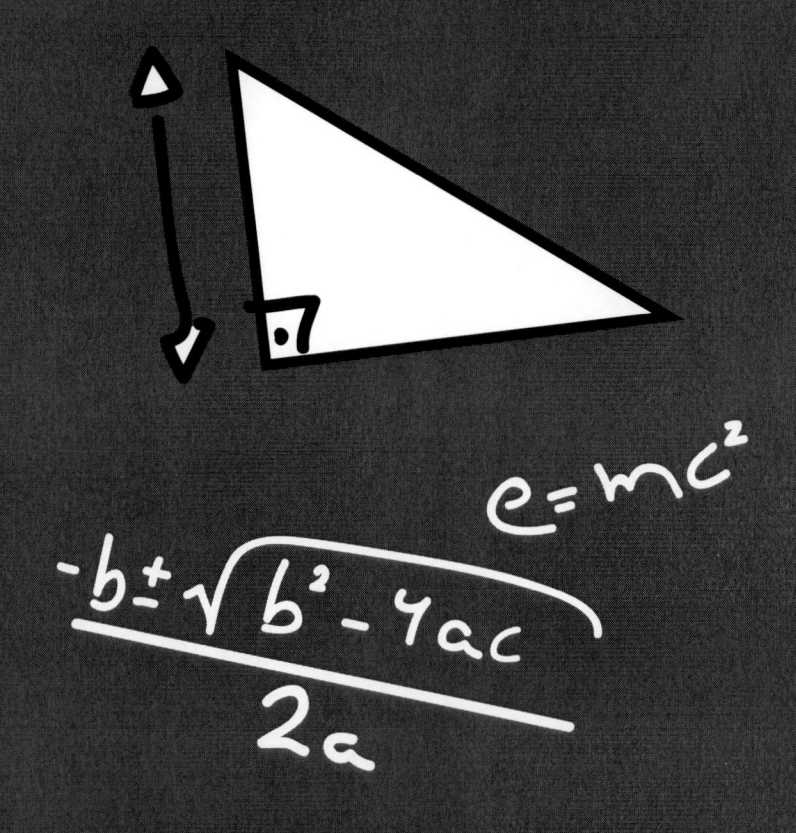

$$e = mc^2$$

Capítulo 2

Neste capítulo, iremos refletir sobre o processo de avaliação. Assim, iniciaremos problematizando a ideia de objetividade e precisão nas avaliações em Física (por essa ser uma ciência exata). Assumindo que a avaliação faz parte do processo de ensino-aprendizagem, levantamos a necessidade de que esta seja coerente com os pressupostos teóricos adotados em tal processo, o que ressalta o fato de repensá-la no contexto da disciplina de Física.

Usualmente, discussões sobre avaliação são feitas ao final do processo, na forma de um texto de fechamento de assunto. Mas, se a avaliação é entendida como parte do processo do ensino-aprendizagem, já deve ser objeto de reflexão no momento do planejamento, quando estão sendo selecionados conteúdos, estratégias e instrumentos de ensino.

É nesse sentido que traremos reflexões sobre a avaliação já no segundo capítulo deste livro. Sendo assim, tipos e funções de avaliação serão discutidos neste capítulo, além de possíveis instrumentos adequados. Finalizaremos apresentando um exemplo de planejamento em Física, no qual a avaliação está inserida.

Avaliação no ensino e na aprendizagem da Física

2.1 A avaliação em educação

O sistema educacional no Brasil é conduzido sob diversas polêmicas. Entre elas, está uma lacuna a ser preenchida, que, por sua vez, refere-se ao **ato de avaliar**.

Todo questionamento que tem ocorrido sobre a avaliação escolar nos últimos tempos fez com que algumas mudanças viessem a ocorrer. Uma delas foi a diversificação dos instrumentos usados para a avaliação do aluno. Esse processo que, muitas vezes, era feito com uma única prova de verificação da aprendizagem, passou a incluir também trabalhos de interpretação, listas de exercícios resolvidos, apresentações orais e pequenas atividades realizadas em sala de aula com o auxílio do professor, ou seja, passou a abranger toda uma produção escolar do aluno. Até mesmo a frequência e o comportamento passaram a ser considerados como elementos de avaliação.

No entanto, esse processo que deveria contribuir para melhorar a condição do ensino e da aprendizagem, na verdade apresenta-se nos ambientes escolares como um instrumento fortemente voltado a **disciplinar o comportamento do aluno**. É certo que essa espécie de manifestação por parte de diversos professores revela as difíceis condições concretas sob as quais se trabalha nos ambientes escolares, mas expõe o sistema de avaliação, que, dessa forma, se coloca como mais um instrumento de exclusão.

Para problematizarmos a complexidade do ato de avaliar, trazemos aqui resultados de investigações realizadas por Alonso Sanchez, Gil-Pérez e Martinez Torregrosa acerca desse tema (1992a, 1992b, 1995).

Já ressaltamos neste livro que os alunos possuem algumas concepções espontâneas sobre conteúdos que queremos ensinar nas aulas de Física, as quais são construídas em contextos escolares e não escolares. Da mesma forma, nós, professores ou futuros professores, também temos concepções sobre a avaliação, construídas com base em de nossas experiências, seja como docentes, seja como alunos que fomos ou somos.

Levando isso em consideração, os professores e pesquisadores citados realizaram uma investigação acerca de algumas preconcepções sobre a avaliação, com professores e futuros professores. Aqui, iremos ressaltar uma em particular para a nossa problematização: A ideia de que **é fácil avaliar as disciplinas de ciências** com objetividade e precisão devido à própria natureza dos conhecimentos avaliados.

Ou seja, o fato de que essas disciplinas são objetivas tornaria o ato de avaliar **objetivo** e **preciso**. O que você acha dessa ideia? Já ouviu esse comentário entre professores de Física ou de outras áreas?

Para estudar essa hipótese, Alonso Sanchez, Gil-Pérez e Martinez Torregrosa (1992a) desenvolveram a seguinte atividade: a proposta é que professores deem nota a um exercício resolvido por um aluno, conforme os exemplos apresentados na sequência. Para metade dos professores, forneça-se a Prática de avaliação 1 e, para a outra, a Prática de avaliação 2.

Essa atividade foi desenvolvida com três grupos: 30 futuros professores do secundário em formação, 40 alunos de magistério realizando práticas de Física e 31 professores do secundário em serviço.

Prática de avaliação 1
O exercício seguinte corresponde, como você poderá constatar, a um aluno bastante brilhante. Que comentários você faria (se acredita conveniente) para ajudá-lo a melhorar sua compreensão? Atribua uma nota (de 0 a 10) ao exercício.
Obs.: Essa nota não pode ser comunicada ao aluno, e sim comentada com outros professores.
Questão proposta ao aluno:
Explique o conceito de **trabalho** até chegar a uma definição operacional.
Resposta do aluno:
— *"Podemos dizer que se faz trabalho quando se faz algo, ou seja [...]"* (continua a resposta do estudante)

Prática de avaliação 2
O exercício seguinte corresponde, como você poderá constatar, a um aluno que não vai muito bem. Que comentários você faria (se acredita conveniente) para ajudá-lo a melhorar sua compreensão? Atribua uma nota (de 0 a 10) ao exercício.

Obs.: Essa nota não pode ser comunicada ao aluno, e sim comentada com outros professores.
Questão proposta ao aluno: A mesma da prática de avaliação 1.
Resposta do aluno: A mesma da prática de avaliação 1.

A única diferença entre as duas atividades é um "pequeno" comentário acerca do aluno que teria respondido à questão: enquanto na primeira atividade é mencionado que a resposta foi dada por um aluno "brilhante", na segunda atividade é informado que o aluno "não vai muito bem". O que essa "pequena" diferença pode implicar nas notas atribuídas pelos professores ao suposto aluno?

Os resultados obtidos pelos pesquisadores constam no Quadro 2.1:

Quadro 2.1 – Resultados obtidos pelos pesquisadores

Grupos de professores	Professores em formação	Alunos de magistério	Professores em serviço
Nota média do aluno "brilhante"	7,3	7,0	7,6
Nota média do aluno "que não vai muito bem"	5,1	4,9	6,2

Fonte: Adaptado de ALONSO SANCHEZ; GIL-PÉREZ; MARTINEZ TORREGROSA, 1992a.

Embora a diferença entre as notas atribuídas pelos professores em serviço tenha sido menos discrepante, ainda assim o resultado que os pesquisadores obtiveram em sua pesquisa nos faz questionar a ideia de objetividade e precisão nas "provas" de Física.

Hoffmann (1996), por sua vez, ressalta que professores e alunos podem apresentar uma relação bastante complexa com o que a palavra *avaliação* significa ou evoca. Conforme ela relata, uma dinâmica utilizada em encontros com professores (da educação infantil ao ensino superior) traz à tona diferentes significados que eles atribuem à avaliação e, em geral, revela uma carga pejorativa em torno dessa palavra. Solicitados a relacionar a palavra *avaliação* a algum personagem, não é raro encontrarmos imagens de dragões, monstros, guilhotinas, entre outros.

Que tal desenvolver com alunos, professores ou outros colegas a dinâmica citada por Hoffmann? Embora ela a tenha realizado com professores, esse exercício é válido para refletirmos sobre a relação que alunos ou outras pessoas têm com a avaliação.

> Sugestão: Peça que os alunos desenhem ou escrevam palavras que lhes vêm à mente quando se fala em **avaliação** ou descobra como eles se sentem nesses momentos. Analise os resultados obtidos.

2.2 Didática e avaliação: uma relação necessária

Nos últimos anos, o movimento da didática das ciências tem indicado a necessidade de o ensino de Física adotar enfoques e estratégias condizentes com orientações construtivistas. Entretanto, é importante lembrarmos que, se o processo de ensino-aprendizagem foi realizado sob tais orientações, a avaliação, como parte desse processo, deve também se orientar pelos mesmos pressupostos.

Alonso Sanchez, Gil-Pérez e Martinez Torregrosa (1995, p. 5-6) perceberam, em seus estudos no campo da avaliação em ciências, que, habitualmente, essa atividade se reduz a três categorias: 16% são perguntas de memorização, 56% são pretensos problemas que se convertem em simples exercícios de aplicação fechados e 23% são exercícios de manipulações que envolvem habilidades do tipo operacional. Assim, a quase totalidade das provas (95%) não era coerente com uma orientação da aprendizagem visando à construção de conhecimentos. Nesse sentido, os autores citados reforçam que "a orientação construtivista da aprendizagem requer uma nova concepção e prática de avaliação que seja consistente com seus pressupostos teóricos e possa chegar a ser um modelo plausível para os professores".

Buscando, então, refletir sobre o ato de avaliar como algo integrante do processo de ensino e aprendizagem em Física, iremos resgatar os estudos de Luckesi (1999), os quais adotaremos como fundamentos nesta seção.

Concordamos com esse autor no sentido de que entendemos a avaliação como um processo que visa empreender sobre o trabalho do aluno e do professor. Para isso, é preciso estar atento aos olhares críticos sobre ensino e a aprendizagem. O incômodo que a crítica nos impõe faz com que repensemos o que são os dados relevantes de cada momento e as decisões que precisamos tomar acerca do processo de ensino e aprendizagem.

Assumimos também a concepção por ele defendida de que a avaliação é um ato de **interferência diagnóstica**. Para o referido autor,

> se é importante aprender aquilo que se ensina na escola, a função da avaliação será possibilitar ao educador condições de compreensão do estágio em que o aluno se encontra, tendo em vista poder trabalhar com ele para que saia do estágio defasado em que se encontra e possa avançar em termos dos conhecimentos necessários [...]. (Luckesi, 1999, p. 81)

Nesse entendimento, a avaliação deixa de ter o caráter de reprovação, passando a ser um instrumento para diagnosticar a situação do ensino e da aprendizagem, conferindo atribuições tanto ao esforço do aluno para alcançar o conhecimento quanto ao do professor em aperfeiçoar suas estratégias e instrumentos para o ensino.

Assim, considerando esse conceito, não faz sentido usar estratégias de avaliação para manipular o processo, visando ao comportamento disciplinar do aluno e à "geração" de um número para classificação. O que realmente importa é a reflexão sobre dois elementos: o valor atribuído e o *feedback*.

O **valor atribuído** ao trabalho desenvolvido pelo aluno deve sugerir sobre sua postura e disposição no que se refere às formas, aos conteúdos de estudo, à sistemática e aos caminhos a serem usados para melhorar sua aprendizagem. A análise do professor sobre a avaliação aplicada deve conter destaques, realçando para o aluno o que este já aprendeu e o que ainda é necessário aprender sobre o conceito avaliado.

Já no *feedback*, os elementos abordados em sala de aula e a forma como são apreendidos pelos alunos podem revelar aspectos que servem para diagnosticar a interpretação e a percepção deles no que se refere ao conteúdo apresentado, bem como é possível observar o nível de discussão em que os estudantes se inseriram. Uma análise sobre os resultados pode ter o sentido inverso: O de diagnosticar elementos que apontem para a adequação ou não de conhecimentos, metodologias e didáticas utilizadas pelo professor em sua prática.

A avaliação precisa, então, carregar o compromisso de retomada, de reposicionamento, de redirecionamento. Avaliar só faz sentido se servir como um diagnóstico para a reformulação de aspectos ou de todo um processo, se este não estiver alcançando os objetivos desejados.

2.3 Funções e tipos de avaliação

Em Miras e Solé (1996), encontramos algumas diferenciações entre tipos e funções de avaliações. As classificações apresentadas por esses autores são mostradas resumidamente na sequência.

Uma avaliação pode ser **contínua**, quando efetuada de forma regular nas aulas, ou **pontual**, quando realizada em um exame isolado. Pode ser também **interna**, quando efetuada pelo próprio professor, ou **externa**, quando realizada por algum órgão ou instituição não implicada no processo de ensino – um vestibular, por exemplo.

Existe, também, com uma função reguladora, a avaliação **formativa**, que é voltada a levantar informações sobre o desenvolvimento do processo de ensino-aprendizagem, permitindo com que o professor retome, redirecione e ajuste esse processo progressivamente.

Também é possível diferenciar a avaliação entre **normativa** e **criterial**. Na primeira, o rendimento de cada aluno é comparado ao dos demais. Na segunda, cada aluno é avaliado em relação a um objetivo estabelecido, de modo que o professor fica sabendo de detalhes acerca do que os alunos sabem fazer ou não.

Defendemos que a avaliação seja também entendida como parte do processo de ensino e aprendizagem. Por isso, ela deve ser constituída por diferentes e múltiplas formas, não excludentes entre si, mas **complementares**. Nesse sentido, ainda é possível distinguir a avaliação em **diagnóstica** ou **inicial** e **somativa**.

A primeira, como um processo de diagnóstico, pode cumprir diferentes objetivos:
- ~ informar ao professor a bagagem, isto é, os conhecimentos dos alunos antes do início de algum processo de ensino-aprendizagem;
- ~ diagnosticar as potencialidades do aluno e
- ~ criar estratégias para que ele tome consciência de suas próprias explicações ou conhecimentos sobre determinado assunto ou fenômeno que estiver sendo estudado.

Já na segunda, a somativa, a finalidade é avaliar o grau de domínio do aluno diante de objetivos previamente estabelecidos. Nesse sentido, geralmente é realizada uma avaliação ao final de algum ciclo de ensino, seja uma **unidade didática** ou um **período** (bimestral, por exemplo). Assim, esse tipo de avaliação não é somente representado pelas provas bimestrais, podendo também ser inserido no meio do processo, como, por exemplo, ao final de uma atividade prática. Reforçando a posição de Miras e Solé (1996), não é a periodicidade que marca esse tipo de avaliação, mas a sua localização ao término de um processo, bem como a finalidade de realizar um balanço da aprendizagem do aluno.

É possível perceber, então, que, enquanto a avaliação formativa informa sobre o desenvolvimento do processo de ensino-aprendizagem, proporcionando ao professor informações que permitam ajustar, redirecionar e escolher os passos seguintes, as avaliações diagnóstica e somativa, com seus diferentes objetivos, informam sobre os conhecimentos e a aprendizagem do aluno.

2.4 Como avaliar? Alguns instrumentos possíveis

Um desafio importante a ser enfrentado na busca de novos caminhos é transformar uma avaliação classificatória e autoritária em uma avaliação dentro dos pressupostos anteriormente explicitados.

A seleção dos instrumentos e a criação de atividades e/ou questões para realizar a avaliação, quaisquer que sejam os objetivos desta, devem ser efetuadas conforme o enfoque teórico adotado para o ensino e para a aprendizagem.

O professor, ao fazer a leitura dos instrumentos de avaliação, varre o próprio processo utilizado pelo aluno para construir seu caminho de estudos, observando se os conhecimentos são acessíveis, se as estratégias didáticas são coerentes e se os instrumentos correspondem às expectativas para a coleta das informações sobre a aprendizagem do seu aluno. Esses itens devem permitir que o professor perceba se os alunos atingem os objetivos desejados e se sua metodologia e estratégias didáticas, levando em conta os instrumentos de avaliação, têm alcançado seus alunos. Portanto, a representação dos estudantes deve indicar ao professor se sua metodologia e didática os têm alcançado efetivamente, tendo em vista os objetivos de ensino e aprendizagem desejados.

A diversificação dos instrumentos no sistema de avaliação de um professor por si só não diferencia o processo avaliativo, se tais instrumentos forem utilizados apenas para promover aqueles alunos que facilmente são motivados às atividades escolares e excluir os que não se adaptam às normas. A avaliação simplesmente com a função de classificar não motiva aqueles já acostumados ao sucesso e nem mesmo aqueles "com têndencia" ao insucesso escolar. O processo de avaliação contendo uma diversidade de instrumentos deve ser usado de forma **democrática**, possibilitando manifestações que muitas vezes são inibidas nas provas objetivas.

Podemos buscar, nas atividades propostas, habilidades diferenciadas na produção de cada aluno. Essa forma de conduzir o processo de avaliação torna-se relevante, pois se trata de um sistema que não utiliza um único instrumento.

Além do aspecto democrático, que permite maiores possibilidades de manifestações dos saberes dos alunos, a utilização de diversos instrumentos pode ser organizada de forma entrelaçada com a estratégia metodológica planejada.

Vejamos agora algumas possibilidades de instrumentos para as avaliações diagnóstica ou inicial e somativa.

2.4.1 Sugestões de instrumentos e possibilidades para a avaliação diagnóstica ou inicial

Aqui, podem ser utilizados diferentes estratégias e instrumentos. É possível apresentar algumas questões qualitativas aos alunos, selecionadas de forma a permitir a expressão das suas concepções. Podemos também problematizar uma situação ou fenômeno, de forma a incentivar os estudantes a expressarem suas ideias na forma escrita ou oral, como numa sessão de *brainstorming* (tempestade mental), na qual todos se posicionam sobre uma situação colocada pelo professor.

Outra possibilidade é solicitar aos alunos que montem um mapa conceitual* utilizando conceitos (ou termos) previamente estabelecidos pelo professor ou mencionando a eles apenas o tema geral do mapa, solicitando que escolham os conceitos (ou termos) que consideram necessários para a estruturação do mapa citado. No primeiro caso, ao analisar as produções dos alunos, o professor pode tentar apreender as relações que eles estabelecem entre os conceitos (ou termos) estudados na atividade. No segundo caso, a análise do professor pode tentar apreender quais foram os elementos mais ressaltados pelos alunos, descobrir se estes são elementos significativos dos conteúdos estudados e averiguar quais as relações entre eles.

Também podem ser utilizadas dinâmicas das mais variadas possíveis: em aulas sobre o sistema solar, por exemplo, é possível solicitar desenhos ou disponibilizar materiais diversos (bolas de isopor, cola, tesoura, papel colorido, figuras etc.), pedindo aos alunos que, em equipes, montem maquetes do sistema solar, explicando os elementos ali representados**. Além disso, o grande grupo (todos os alunos) pode tentar construir uma grande maquete no chão da própria sala.

Ao observar as posturas, as divergências de ideias, as discussões entre os alunos, o professor pode ter um mapeamento das concepções do grande grupo. Por exemplo: o docente pode analisar quais elementos estão presentes no sistema solar montado ou nas maquetes construídas pelos alunos, podendo perceber alguns aspectos, tais como buracos negros colocados próximos ao Sol, estrelas localizadas entre os planetas e, ainda o Sol, representado por uma esfera geralmente maior que os

---

* Na página pessoal do Professor Doutor Marco Antônio Moreira (2011), pesquisador do Instituto de Física da Universidade Federal do Rio Grande do Sul (UFRGS), você encontrará explicações e discussões sobre mapa conceitual.

** Essa atividade foi utilizada com sucesso por uma estudante de licenciatura em Física num estágio curricular, com alunos do ensino médio, de uma escola pública.

planetas, além de estrelas planas, com cinco pontas, que, em geral, são menores que os planetas.

Perceber essas relações nesse momento de avaliação diagnóstica ou inicial é importante na medida em que traz ao professor informações que o auxiliam no próprio planejamento da situação de ensino. Ao aluno, por sua vez, pode representar uma tomada de consciência sobre o assunto que logo será estudado.

Numa aula que envolve alguma atividade prática ou experimentação, podemos apresentar uma dada situação (a ser simulada na atividade experimental) e solicitar aos alunos que realizem previsões "do que ocorreria se...". Por exemplo: O que ocorreria com o brilho de determinada lâmpada se acrescentássemos mais uma lâmpada no circuito?

Enfim, são diversas as possibilidades de se realizar a avaliação diagnóstica ou inicial sem que ela se configure sempre numa atividade de testes em lápis e papel.

2.4.2 Sugestões de instrumentos e possibilidades para a avaliação somativa

Novamente, diferentes estratégias e instrumentos podem e devem ser utilizados. Os usuais testes de lápis e papel até podem ser utilizados, mas outras formas não tão usuais devem servir ao propósito da avaliação somativa.

No caso de termos utilizado o mapa conceitual sugerido na avaliação diagnóstica ou inicial, por exemplo, podemos, nesse momento de avaliação somativa, solicitar que os alunos desenvolvam o seu próprio mapa, pedindo que o corrijam ou o reestruturem. Nesse caso, é sempre enriquecedor solicitar que escrevam um texto explicando ou justificando as mudanças efetuadas. A produção desse texto, além de possibilitar ao professor uma melhor compreensão do processo cognitivo do aluno, ainda permite o exercício da escrita, pouquíssimo utilizado nas aulas de Física.

No caso das maquetes do sistema solar, se possível, seria interessante fotografar aquelas produzidas na avaliação diagnóstica ou inicial para utilizá-las na fase da avaliação somativa. Utilizando a fotografia realizada, é possível aos alunos, da mesma maneira que nos mapas conceituais, que produzam um texto corrigindo ou melhorando a maquete inicialmente produzida.

Também os exercícios ou problemas, bastante utilizados nas aulas de Física, podem e devem ser utilizados aqui. Entretanto, é necessário que você reflita sobre os conhecimentos exigidos mediante determinados tipos de "problemas", conforme é discutido no Capítulo 3 desta obra. O ato de resolver problemas, para ser uma ação significativa, deve configurar-se como uma estratégia que realmente leve a uma atividade cognitiva do aluno em relação ao conhecimento na área de física, sendo mais do que um mero jogo de números e equações sem significados.

Nesse contexto, vale a pena resgatar um exemplo retirado de Alonso Sanchez, Gil-Pérez e Martinez Torregrosa (1995). Buscando sintonizar a avaliação com as orientações construtivistas da didática da Física, esses professores e pesquisadores produziram e testaram propostas para avaliação em Física e Química, além de apresentarem vários exemplos da transformação de atividades referentes à resolução de problemas em atividades coerentes com um modelo de ensino por investigação.

Vejamos um exemplo desenvolvido por esses autores (Alonso Sanchez; Gil-Pérez; Martinez Torregrosa, 1995, p. 8) relacionado a uma atividade habitual bastante comum e utilizada em sala de aula pelos professores.

~ **Exemplo de atividade habitual**: enuncie o princípio de ação e reação e dê exemplos.

Que conhecimentos são necessários para se responder a essa questão? Tomando como inspiração os estudos já publicados sobre o conhecimento prévio do aluno (ver capítulo 1), é possível transformar essa atividade habitual. Vejamos dois exemplos, dados por Alonso Sanchez, Gil-Pérez e Martinez Torregrosa (1995, p. 8), de atividades alternativas que possibilitam transformar e melhorar a atividade habitual anteriormente colocada.

~ **Exemplo de atividade alternativa 1**: Desenhe as forças de reação nos elementos representados nas figuras a seguir:

Figura 2.1 – Três situações para a análise das forças de reação

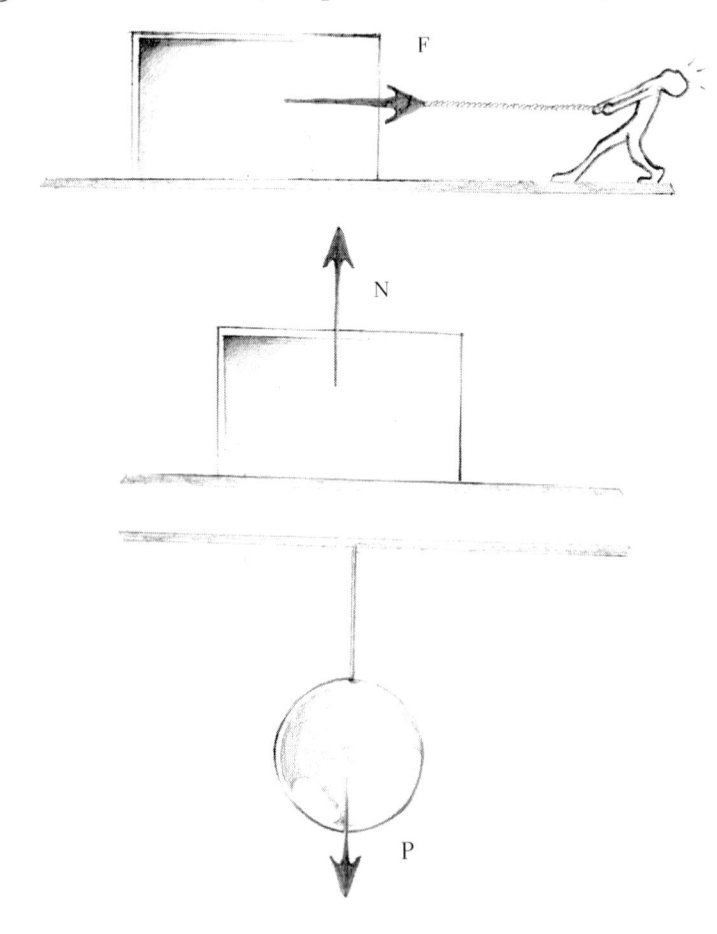

Fonte: Adaptado de Alonso Sanchez; Gil-Pérez; Martinez Torregrosa, 1995, p. 8.

~ **Exemplo de atividade alternativa 2**: Suponha que a esfera **A** esteja deslocando-se para a direita e se chocando com a esfera **B** (inicialmente em repouso sobre o plano), e que, após o choque, a esfera **A** permaneça em repouso sobre o plano e **B** passe a se deslocar para a direita da figura. Desenhe somente as forças de interação entre as duas esferas, nos instantes representados na sequência.

Figura 2.2 – Três situações para a análise das forças de interação

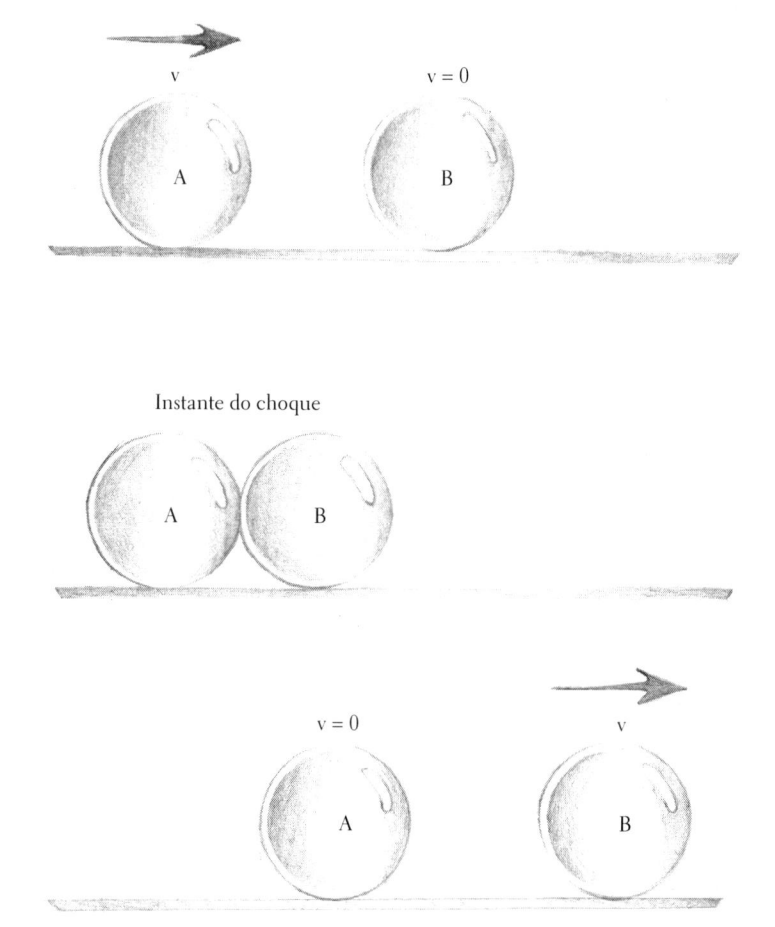

Instante do choque

Fonte: Adaptado de ALONSO SANCHEZ; GIL-PÉREZ; MARTINEZ TORREGROSA, 1995, p. 8.

Analise as três atividades e reflita: Que conteúdos estão sendo avaliados? Que conhecimentos são necessários para responder à atividade habitual? Se o aluno memorizar o princípio da ação e reação, ele pode ser bem sucedido nessa questão? Isso significa que ele compreendeu o significado desse princípio e que saberia aplicá-lo a outras situações? No que se refere às atividades alternativas 1 e 2: Que conhecimentos são necessários para respondê-las?

Para essas duas questões, o aluno deve conceber as forças como **interações**. Na atividade alternativa 1, é necessário identificar precisamente os pares ação-reação. Na outra atividade, exige-se uma mudança conceitual (ver Capítulo 1), pois, se o aluno utilizar-se do conhecimento prévio em vez do científico, irá desenhar as forças somente nas esferas em movimento na direção da velocidade.

Caso o professor considere pertinente, pode ainda apresentar essas três questões aos alunos, analisando em qual delas eles serão mais bem sucedidos. Isso pode permitir ao docente perceber quais alunos estão na fase de memorização do princípio da ação e reação (atividade habitual), quais conseguem aplicar tal princípio nas diferentes situações (atividade alternativa 1) e, ainda, quais se utilizam do conhecimento científico em detrimento da concepção espontânea citada no parágrafo anterior (atividade alternativa 2).

2.5 A avaliação diagnóstica e democrática inserida num planejamento

O planejamento para desenvolver um determinado conteúdo pode ser feito de diversas maneiras. Inserir a avaliação nesse planejamento, com uma nova orientação, é o desafio a ser enfrentado. Exemplificamos isso abordando uma possibilidade de planejamento, esquematizado a seguir:

Figura 2.3 – Esquema para o planejamento de uma unidade didática

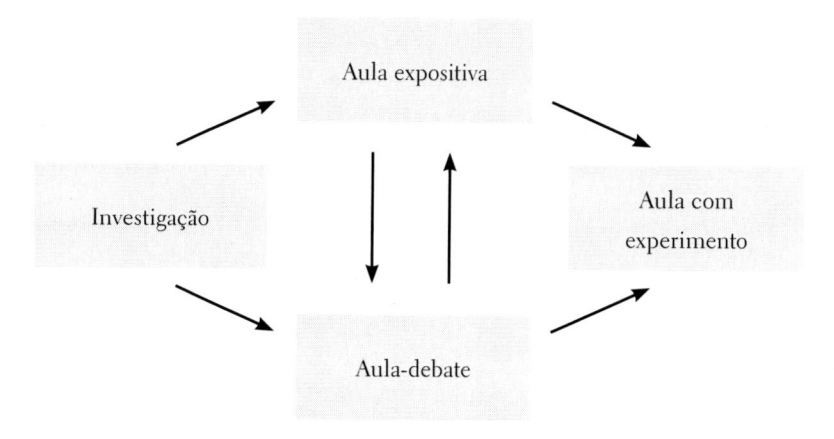

```
              Aula expositiva
           ↗        ↑ ↓       ↘
  Investigação              Aula com experimento
           ↘                 ↗
              Aula-debate
```

Esse esquema indica um caminho para ser percorrido no desenvolvimento de um certo conteúdo:

~ propõe investigação para os alunos;
~ propõe exposição de conceitos fundamentais;
~ propõe aula-debate, que pode envolver questões econômicas, sociais e políticas relacionadas ao conteúdo;
~ propõe experimentos.

Na proposta de investigação, o objetivo é ampliar o campo de visão do aluno sobre elementos que envolvem o conteúdo, dando possibilidades para a discussão. Para a aula de exposição, o princípio básico é esclarecer conceitos centrais, assim como a interação deles com dados que o aluno levantou em sua investigação e com aqueles adquiridos em sua experiência cotidiana.

Para motivar ainda mais esse ambiente de reflexão, a aula-debate entra como um momento de grande interação entre pares, os alunos. Dessa forma, amplia o campo da cognição, contribuindo para outra aula – a de exposição – que funciona como reforço aos conceitos já trabalhados.

Com esses passos já dados, obtém-se um referencial teórico para a aula de laboratório, que tem como objetivo agregar elementos dessa forma de conhecer, "visualizando, tateando e ouvindo" um certo fenômeno, ao processo de construção do conhecimento pelo aluno.

Veja que será necessário fazer uma opção e seguir uma certa linha de raciocínio para o planejamento e o desenvolvimento dessas estratégias, que devem ser inter-relacionadas para que produzam um campo de reflexão. Os contextos diferenciados para a manipulação do conteúdo visam ampliar as possibilidades de aprendizagem para os alunos. Nesse contexto, os conceitos objetivados pelo professor devem ganhar consistência e organicidade no discurso do aluno.

A avaliação, por sua vez, deve identificar, no pensamento do aluno, a concretização dessa linha de raciocínio, bem como a consistência e a organicidade das ideias e dos conteúdos trabalhados.

Ao propor que os alunos façam uma investigação sobre um certo conteúdo, é preciso orientá-los sobre como proceder na busca das informações e como devem retratar seus resultados. Isso requer produção de material escrito pelos discentes durante o desenvolvimento de sua atividade de pesquisa. Esse mesmo material que eles utilizam enquanto elaboram seu conhecimento serve ao docente como instrumento de avaliação, permitindo a este obter informações sobre o grau de envolvimento cognitivo dos alunos em relação aos conceitos.

Durante o desenvolvimento de uma aula-debate, os alunos precisam de material previamente elaborado, o qual, no processo do debate, passa a ser reelaborado. Um bom planejamento dessa aula envolveria, por exemplo, a atribuição de alunos relatores. As diversas ideias que podem ser geradas a partir dessa aula podem ser organizadas num relatório produzido pelos alunos. Ao mesmo tempo em que a atividade de organizar as ideias da aula serve aos alunos como estruturação de conhecimento, esse relatório servirá ao professor como um instrumento de diagnóstico em que ele identificará os efeitos de suas estratégias de ensino. O professor poderá estabelecer comparação entre os primeiros elementos organizados para o debate e as conclusões extraídas dos pontos relatados no trabalho de conclusão. Dessa comparação, o professor pode identificar o grau de maturação ocorrido nas ideias desenvolvidas.

Um dos instrumentos de avaliação da atividade prática (ver Capítulo 4) utilizado pelo professor pode ser o roteiro trabalhado pelo aluno, que tem como objetivo auxiliar a geração de informações para discussão e argumentação dos alunos. O roteiro pode ser elaborado pelo professor de forma que, além de orientações e informações, contenha também provocações envolvidas nas experiências cotidianas dos estudantes. O trabalho deles de coletar e registrar no próprio roteiro ideias e reflexões primárias e, novamente, o trabalho de relatar de forma sistematizada suas observações e reflexões mais elaboradas fortalecem seu discurso sobre os conceitos desenvolvidos. Esses dois materiais – roteiro e rascunho – e um relatório como conclusão da atividade podem ser utilizados para avaliar o nível de argumentação e discussão em que se envolveram os alunos, bem como o nível de formalização das ideias no final desse bloco de atividades.

Síntese

Neste capítulo, refletimos sobre o processo da avaliação. Observamos a complexidade desse ato, contrapondo o conceito de avaliar para a classificação e o controle com o de avaliar para diagnosticar, analisar o grau de alcance da aprendizagem dos alunos ou para redirecionar o processo de ensino-aprendizagem.

Considerado um mecanismo classificatório de controle da disciplina, o sistema de avaliação pode contribuir para o processo de exclusão. Já enquanto diagnóstico – somativo ou formativo – irá indicar o envolvimento dos alunos com os conhecimentos trabalhados e a apropriação dos métodos, das didáticas e dos conteúdos utilizados pelo professor. Nesse sentido, o processo pode ser revisado, visando empreender uma análise não somente sobre o trabalho dos estudantes, mas também sobre o trabalho do docente.

Ainda, o processo de avaliação deve ser construído de forma democrática, com instrumentos variados e clareza de linguagem para a compreensão do que se está avaliando. Além disso, esse processo será mais eficiente se for elaborado e desenvolvido intrinsecamente com os enfoques teóricos adotados no planejamento e no desenvolvimento do ensino e da aprendizagem.

Atividades de Autoavaliação

1. Neste estudo, refletimos sobre a avaliação para o ensino e a aprendizagem dos alunos. Sobre o que foi apresentado, verifique e anote o que é falso (F) e o que é verdadeiro (V):
   ( ) A avaliação deve ser unicamente aplicada para verificar a aprendizagem do aluno.
   ( ) Deve ser usada unicamente como um controle do comportamento do aluno.
   ( ) É processo de empreendimento tanto sobre o trabalho do professor como sobre o trabalho do aluno.
   ( ) É um *feedback* sobre a didática, metodologia e conteúdos usados pelos professores.
   ( ) O valor atribuído pelo professor ao trabalho do aluno deve indicar se ele é capaz ou não.

2. Ainda sobre o processo de avaliação discutido neste capítulo, indique o que é falso (F) e o que é verdadeiro (V):
   ( ) A avaliação é um processo que se resume em um número para indicar a aprovação ou a reprovação do aluno.
   ( ) Instrumentos de avaliação devem conter clareza na linguagem e evitar qualquer interpretação duvidosa que cause confusão à compreensão do aluno.
   ( ) O sistema de avaliação deve ser democrático, composto de instrumentos diversificados para permitir diferenciadas manifestações das formas de aprendizagem.
   ( ) O processo de avaliação deve ser conduzido separadamente do processo de ensino para a averiguação do quanto o aluno aprendeu.
   ( ) A avaliação diagnóstica deve ser feita para identificar aspectos do processo de ensino-aprendizagem que precisam ser revistos para a tomada de decisão, como reposicionar, retomar e redirecionar atitudes.

3. Este capítulo problematiza preconcepções sobre a avaliação nas disciplinas de ciências, em especial a de Física. Sobre esse aspecto, classifique, de acordo com as ideias vistas aqui, as proposições entre falsas (F) e verdadeiras (V):
   ( ) A avaliação nessas disciplinas é algo fácil para o professor, devido ao caráter objetivo destas.
   ( ) O processo de avaliação adotado pelo professor deve seguir as mesmas orientações do processo de ensino-aprendizagem.
   ( ) A avaliação do aluno deve ser realizada somente por meio de exercícios de aplicação.
   ( ) A visão construtivista de ensino não questiona as formas mais tradicionais de avaliação.

4. Com relação aos tipos de avaliação, é correto afirmar que:
   a) a avaliação formativa não tem foco no processo de ensino-aprendizagem, permitindo ao professor rever suas atitudes.
   b) a avaliação normativa não compara os rendimentos dos alunos.
   c) a avaliação criterial apenas indica os erros do aluno.
   d) a avaliação diagnóstica informa ao professor os conhecimentos do aluno durante o início de algum processo de ensino.
   e) a avaliação somativa cumpre o objetivo de atribuir notas ao conhecimento dos alunos.

5. Sobre os instrumentos e as possibilidades de avaliação, indique a opção correta:
   a) Mapas conceituais não devem ser utilizados como instrumentos de avaliação.
   b) Na situação de problematização, não cabe nenhuma forma de observação avaliativa, pois a subjetividade do professor pode mascarar os resultados.
   c) A problematização promove um ambiente de expressão de ideias por parte dos alunos que pode orientar o professor sobre como encaminhar o processo de ensino-aprendizagem.
   d) Um texto escrito pelo aluno não é um bom elemento para que o professor obtenha certa compreensão do processo cognitivo daquele.
   e) Problemas e exercícios nunca podem ser usados como elementos de avaliação, mesmo que reflitam conhecimentos do aluno.

Atividades de Aprendizagem

Questões para reflexão

1. Que tipo(s) de avaliação tenho realizado em sala de aula?
   Tendo em vista os diferentes tipos de avaliação mencionados neste

capítulo, você já conseguiu identificar os que você utiliza com seus alunos? Eles estão entre os citados?

2. Que instrumento(s) avaliativo(s) tenho usado em minhas aulas? Faça um levantamento do(s) instrumento(s) que você tem utilizado e anote-os numa folha. Observe e analise se eles são diversificados e com quais objetivos e em que momentos do processo estão sendo utilizados.

Atividades aplicadas: prática

1. O processo de avaliação do aluno é algo bastante complexo. Entre os professores, existem aqueles que, mesmo sem nenhuma arrogância, veem o seu trabalho como "quase" acima de qualquer crítica. Para eles, o aluno é "quase" sempre a causa do insucesso do processo de ensino-aprendizagem. É possível que, entre esses docentes, exista a concepção de avaliação como um mero processo classificatório para a promoção de alunos que conseguem tirar uma boa nota. Para gerar um ambiente de reflexão sobre essa prática, sugerimos que você faça uma pesquisa com docentes de alguma escola à qual tenha acesso. Monte um questionário e convide aproximadamente cinco (5) dos professores dessa escola para respondê-lo. O questionário deve ter as seguintes perguntas:

a) Como você entende a avaliação?
b) Para que avaliar?
c) Que instrumentos de avaliação você utiliza?
d) Seu sistema de avaliação está inerente ao processo utilizado no ensino que você promove? Ou seja, você se utiliza dos instrumentos de aprendizagem para avaliar ou cria outros instrumentos independentes?
e) Que elementos são observados por você enquanto faz a leitura da avaliação desenvolvida pelo aluno? Qual é o número de acertos do aluno em relação ao conteúdo e e como ele apresenta as

respostas, argumentação etc.? Quais são os traços característicos do trabalho do aluno?
f) Quais são as maiores dificuldades do processo avaliativo?

2. Com os questionários respondidos, organize um quadro para contar o número de dados semelhantes nos questionários. Para a montagem desse quadro, identifique, nas respostas fornecidas pelos professores, as seguintes informações:
a) O processo é classificatório ou diagnóstico?
b) Existe a intenção do controle sobre o comportamento?
c) São feitas menções à avaliação formativa?
d) Há uma diversidade de instrumentos de avaliação?
e) As dificuldades mais ressaltadas pelos professores são de que natureza? São relacionados ao ato de avaliar em si ou estão mais relacionados às condições concretas sob as quais esses professores trabalham na escola?

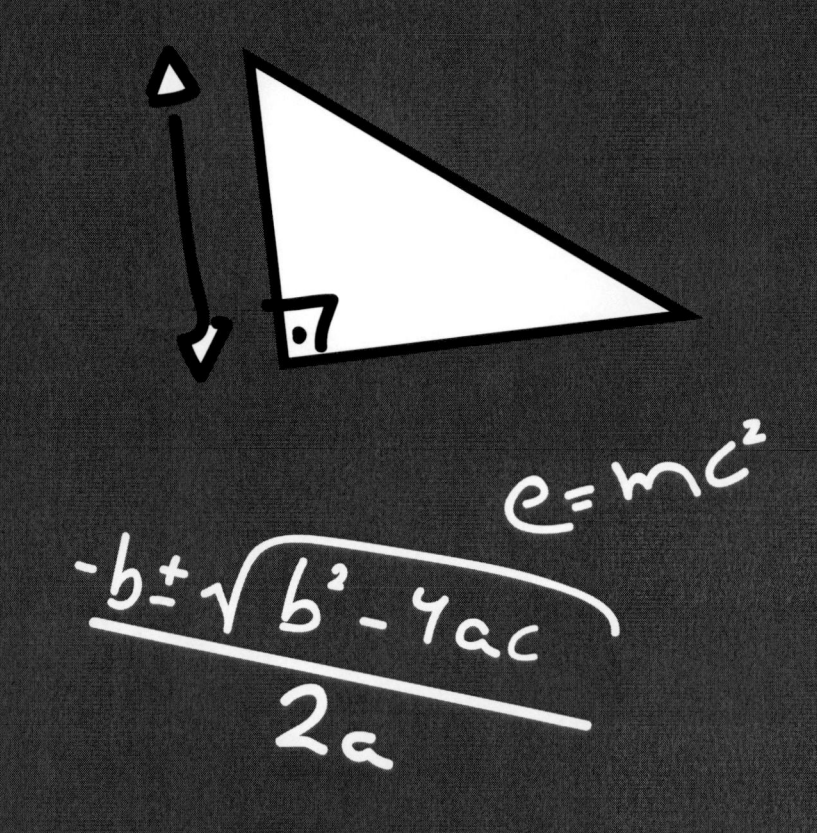

Parte II

Enfoques e estratégias didáticas

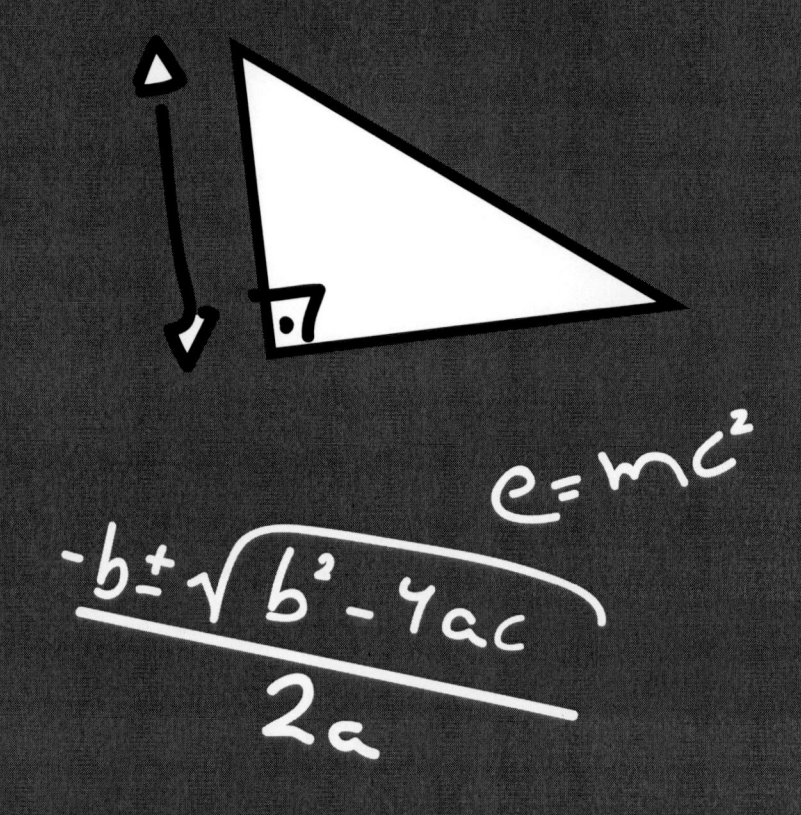

Capítulo 3

Neste capítulo, apresentaremos aspectos referentes a uma estratégia bastante comum nas aulas de Física, que é a resolução de problemas. Nosso questionamento inicial se dará sobre o tipo de problemas que são comumente usados nas aulas de Física, ao mesmo tempo em que ressaltaremos a importância da problematização e da resolução de situações-problema no ensino dessa disciplina. Partiremos da reflexão sobre a prática pedagógica do professor e sua atuação docente enquanto elo entre as situações apresentadas, o estudante e o conceito.

Situações-problema: onde está a solução?

3.1 Problematização: o que é?

Considerar a vivência e o conhecimento dos alunos como ponto de partida para o estudo da disciplina de Física amplia o objetivo do ensino da ciência, que vem sendo dividida em matérias curriculares, seguindo a tradição grega e europeia, que prega que somente as grandes questões mereciam reflexão e estudo.

Isso resulta em uma formação intelectual que, muitas vezes, se encontra em desacordo com a realidade dos jovens que frequentam o ensino médio.

Neste capítulo, discutiremos a problematização como atividade norteadora que permite, segundo Lopes (1994), assumir um papel duplo: por um lado, o de desenvolver a capacidade do indivíduo em se situar no mundo que o rodeia e, por outro, o de mobilizar o próprio conhecimento das diferentes disciplinas, particularmente na Física, para novos contextos e situações.

Também abordaremos a importância da reflexão do professor para a produção e o encaminhamento das atividades de resolução de problemas e exercícios durante as aulas de Física.

Os Parâmetros Curriculares Nacionais (PCN) propõem dentro dos objetivos do ensino médio que o estudante tenha formação geral e específica para desenvolver a habilidade de pesquisar, de buscar informações e de analisá-las. Ele deve desenvolver ainda sua criatividade e, com isso, aprender e formular hipóteses em vez de se utilizar apenas de exercícios de memorização.

Dentro da proposta dos PCN, o ensino de Física deve contribuir para a articulação da visão de mundo do estudante por meio da integração com os demais conhecimentos, e isso nos leva a ter um novo olhar sobre a sala de aula, trazendo para dentro dela o contexto cultural do aluno.

Nesse enfoque, tal ensino propõe-se a valorizar a participação mais ativa do estudante nas atividades organizadas pelo professor, levando em consideração a maneira como o aluno compreende e ressignifica os conceitos estudados ao aplicá-los em determinadas situações diárias.

A interação **professor-aluno-conhecimento** e **ensino-aprendizagem** deve ser compreendida como a conexão necessária e primordial para a estruturação e compreensão dos conceitos, pois a possibilidade de interrogar o processo de ensino-aprendizagem está no sujeito que ensina e no sujeito que aprende.

Bachelard (1996) é um dos cientistas-educadores que nos leva a refletir sobre os problemas de ensino-aprendizagem, segundo o qual o "conhecimento se origina de problemas, ou melhor, da busca de soluções para problemas consistentemente formulados".

Dessa forma, problemas ou questões vindas dos alunos podem ser articulados e mediados pelo professor na transposição didática do Saber a Ensinar ao Saber Ensinado (Capítulo 1), auxiliando o estudante a dar novo significado às suas ideias diante dos conceitos científicos ou conteúdos escolares.

Colocando o estudante como parte essencial, o conceito de problematização enquanto processo de aprendizagem implica numa formação que possibilita que ele questione e estabeleça relações com o mundo em que vive.

Bachelard (1996, p. 9) ressalta a importância da forma com que é apresentada qualquer situação para o indivíduo, já que, num primeiro momento, ele não percebe o que lhe foi exposto, surgindo, então, a necessidade da mediação do professor, considerando que "tudo é construído".

Para que essa construção produza resultados significativos, devemos ter consciência e refletir sobre as seguintes questões: "Como o aluno está compreendendo minha aula?", "Estou me fazendo entender pelo meu aluno?". Bachelard (1996) surpreende-se com o fato de que professores, principalmente de Ciências Naturais, não percebem as dificuldades dos alunos quando estes não entendem determinados assuntos.

É importante salientar que a problematização acontece em todas as fases do desenvolvimento dos estudantes, mas é na fase inicial que o professor tem influência efetiva na orientação e no questionamento que remetem à aprendizagem.

Mas o que é a problematização, afinal? Podemos dizer que ela deve incluir situações significativas para os discentes. Entretanto, ela não deve resumir-se simplesmente à vontade que os estudantes têm de obter conhecimentos, porém, deve englobá-la criando uma situação de desafio, em que o aluno irá não só compreender determinada situação, mas também atuar no sentido de transformá-la (Delizoicov; Angotti; Pernambuca, 2002, p. 193).

Pensando sobre a problematização, responda: Você já se utilizou dela em alguma atividade desenvolvida com seus alunos?

Para problematizar uma situação, devemos refletir sobre a linguagem utilizada, os conhecimentos que os alunos já possuem, os interesses sobre o assunto, os objetivos a serem atingidos e o tempo disponível.

Além da preocupação com esses aspectos, também é importante o contexto em que os estudantes podem se relacionar com os conceitos e aprofundá-los. É necessário que o professor faça com que eles participem das atividades planejadas, encorajando-os a questionar os assuntos em discussão e a refletir sobre eles. Para isso, faz-se necessário um ambiente prazeroso, onde o estudante se sinta desafiado a realizar as atividades propostas.

Sendo mediador e orientador no processo de ensino para a aprendizagem, o professor deve agir de forma democrática, aceitando e valorizando propostas sobre as atividades de estudos vindas dos estudantes, como forma de estimular a sua aprendizagem.

3.2 Exercício *versus* situação-problema

Estamos acostumados com afirmações sobre a dificuldade da resolução de situações-problema, sendo que atribuímos tal dificuldade à **interpretação da proposta**.

O enfoque dado à resolução de situações-problema, de modo geral, é significativamente grande nas aulas de Física.

Analise a sua prática e reflita:

~ Nas suas aulas, com que frequência você utiliza situações-problema?
~ Enquanto professor de Física, você se preocupa com o processo ou com o resultado da resolução de um exercício?

~ Você já pensou em que consiste um problema?
~ Será que os problemas são aqueles relacionados diretamente com o algoritmo e a equação, em que é necessário substituir uma letra por um número e, assim, encontrar o valor desconhecido?

Refletindo sobre essas questões, podemos ainda questionar se nossas aulas são significativas dentro de uma proposta problematizadora.

Considerando que o processo de aprendizagem deve ser contínuo e permeado pelo diálogo entre professor e aluno e vice-versa, devemos ter bem definido o que é um exercício, o que é uma situação-problema e qual o objetivo que queremos atingir.

Além disso, para que o processo de ensino-aprendizagem seja efetivado, é necessário haver uma reflexão sobre as atividades propostas pelo professor e sobre as discussões feitas com os estudantes. Para exemplificar, façamos um exercício proposto por Lopes (1994):

> Calcule o espaço percorrido por um objeto que se desloca ao longo de uma trajetória retilínea segundo a equação
> $s = 25 + 40t - 5t^2 \cdot$ (SI).
> a) Para $t = 5s$
> b) Para $t = 6s$

Por meio deste exercício, sugerimos as seguintes análises:
~ Quais foram os resultados que você encontrou? Compare os resultados obtidos nos itens (a) e (b). Você acha que eles são pertinentes?
~ Repensando a prática pedagógica, se utilizarmos esse formato de atividade com nossos alunos, que objetivos pretendemos alcançar?
~ Quero que o meu aluno seja um *expert* em fazer operações e em resolver exercícios ou desejo que o meu aluno compreenda os conceitos envolvidos e o motivo pelo qual são utilizadas determinadas equações?

Considerando as questões apontadas, em especial o terceiro item, reflita sobre sua prática pedagógica: Quando você propõe problemas em sala de aula, quais são os objetivos a serem atingidos? Se o seu objetivo está mais próximo da compreensão dos conceitos envolvidos, deve permanecer atento aos tipos de problemas que são propostos aos alunos.

Muitas vezes não refletimos sobre os enunciados das atividades que propomos para os estudantes, imaginando que estas são óbvias, ou pensamos que "todos" os alunos da classe estão compreendendo os exercícios e os conceitos envolvidos.

De acordo com Lopes (1994), os professores não têm o hábito de praticar, antes da resolução de uma situação-problema, a reflexão e a discussão com os alunos sobre os possíveis resultados e as diferentes formas de solucioná-la.

Sob essa alegação, poderíamos nos perguntar: "De que forma estou colaborando na aprendizagem de um conceito?". "A repetição ajuda na compreensão?".

Tomemos como referência Gil-Pérez e Martinez Torregrosa (1987), que discutem em seus artigos a resolução de problemas e exercícios. Observe com atenção as duas situações propostas por eles:

~ **Situação 1**: A velocidade da luz no vácuo é 300.000 km/s. A luz do Sol chega até a Terra em 8 minutos e 20 segundos. Qual a distância entre Sol e Terra?

~ **Situação 2**: Quanto demorará para que a luz do Sol chegue até a Terra?

Embora tratem dos mesmos fenômenos, percebemos diferenças nos enunciados das duas situações. No primeiro caso, o enunciado é mais longo, além de serem fornecidas mais informações para a realização dos cálculos. No segundo caso, o enunciado é mais curto e os dados estão ocultos. Mas isso faz o segundo problema ser mais difícil que o primeiro?

Para resolver a situação 1, o estudante necessita adequar as unidades num mesmo sistema e substituir as incógnitas numa equação que envolva todas as variáveis fornecidas. Já para resolver a situação 2, o estudante terá que pesquisar maneiras que sejam eficazes para resolver a situação proposta, já que não são fornecidos dados. Qual das duas situações terá mais significado na aprendizagem do aluno?

Ao ser apresentada ao estudante, a situação-problema deve produzir um significado para ele, o qual buscará resolvê-la mediante pesquisa, discussões, busca de possíveis dados, entre outras formas. Tais situações mostram a importância da organização, da discussão e da elaboração de uma situação-problema.

Lopes distingue **exercício** e **problema** da seguinte forma:

> *um exercício deve, preferencialmente, ser utilizado para operacionalizar um conceito, treinar um algoritmo, treinar o uso de técnicas, regras ou leis, e para exemplificar;*
> *um problema deve ser usado para otimizar estratégias de raciocínio, proporcionar o crescimento dos conceitos e desenvolver o conhecimento processual.* (Lopes, 1994, p. 26)

É importante salientar que são necessários exercícios e/ou problemas que sejam resolvidos por meio do algoritmo, partindo de uma substituição direta, das grandezas na equação, mas também é importante que sejam apresentadas situações que vão além dessa habilidade, situações nas quais os estudantes necessitem pesquisar, propor caminhos, supor valores plausíveis das grandezas envolvidas e refletir sobre os possíveis caminhos na resolução, além de optar por algum método adequado para resolver a situação problema. Nesse último caso, o papel do professor é mediar e orientar o aluno no questionamento e na procura por respostas.

No caso das duas situações propostas, qual se aproxima mais de um exercício? Qual é melhor caracterizada como um problema? Assim como Lopes, acreditamos que a diferença entre um exercício e um problema deve estar clara para os professores, assim como os objetivos a serem alcançados quando eles se utilizam dessas estratégias em suas aulas. São os professores que proporcionam aos estudantes questionamentos sobre situações que devem ser resolvidas, pois, se tratadas como meros exercícios de repetição, podem causar mais dúvidas a respeito de determinado assunto.

Salientamos também que esses conceitos são extremos de uma linha contínua. A Figura 3.1 representa três situações: a) num dos extremos estão exercícios mecanicamente resolvidos por meio de aplicação de equações, b) no outro, encontram-se situações-problema que devem ser discutidas, e c) no centro, há uma série de exercícios que possuem características de situação-problema, mas que não o são e, assim, nem sempre levam os estudantes a desenvolver os conceitos pretendidos.

Figura 3.1 – Região de continuidade entre exercício e problema

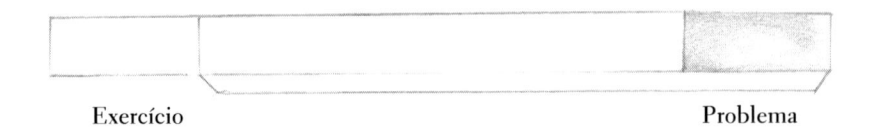

Exercício — Problema

Fonte: LOPES, 1994.

A linha apresentada mostra que exercício e situações-problema estão em dois extremos, mas, entre eles, há alguns exercícios que podem ser confundidos como situações-problema, mas não o são. Devemos estar atentos a esses exercícios que estão na região central, pois podem dar a impressão de que tratam de problemas, sendo que, no entanto, poderão ser resolvidos mecanicamente.

Como exemplo para a compreensão da região de continuidade, retomemos o exercício proposto por Lopes acerca do objeto que se desloca ao longo de uma trajetória retilínea: Você analisou os resultados encontrados ou apenas resolveu o exercício? Se você retomou os resultados, pôde observar que o exercício tem características que podem torná-lo um problema, pois uma reflexão sobre os conceitos físicos envolvidos é de extrema importância para que não sejam apresentadas respostas contraditórias.

Comparando os resultados obtidos nos itens (a) e (b) do exercício anteriormente proposto por Lopes, como você pode discutir sobre eles? Como o objeto em questão pode ter percorrido uma distância menor em um tempo maior?

Percebemos claramente que a ausência de uma abordagem qualitativa dos conceitos físicos no exercício proposto é a principal responsável pela diversidade de respostas. Com isso, podemos concordar com Lopes (1994, p. 27) quando este conclui o seguinte: "podemos dizer que um problema inibe a tendência dos resolvedores para o imediatismo e convida à reflexão e compreensão da situação física antes de se começar a manipular a informação numérica e a uma avaliação da resolução, o que geralmente não acontece quando se resolve um exercício".

Se refletirmos sobre o enunciado proposto, observamos que se trata de um movimento em que o objeto segue com velocidade decrescente até parar e começar a retroceder.

Assim, após a reflexão inicial sobre os conceitos envolvidos, é importante dar atenção às hipóteses levantadas durante esse processo para que o problema se torne mais compreensível. Então, resolvemos a situação-problema utilizando ou não o algoritmo e partimos para mais uma etapa importante na significação do conteúdo, que é a retomada e a análise dos resultados obtidos. A partir delas, podemos perceber se utilizamos os conceitos e fizemos o algoritmo de forma correta e se criamos uma situação de resolução que reproduzia realmente o que estava sendo solicitado.

Para Lopes (1994), "a principal diferença entre um exercício e um problema reside na natureza do obstáculo, que no exercício é muito reduzido, favorecendo a utilização de um algoritmo". Essa diferença proposta por ele traduz o que devemos considerar durante as aulas: a atividade pela atividade ou a atividade pela troca de opiniões, criação de hipóteses e significação.

3.3 Formular situações-problema: uma tarefa fácil?

Problematizar uma determinada situação requer um pouco de prática, pois não é apenas uma atividade isolada; depende de muitas outras relações. Vamos, em primeiro lugar, pensar: onde podemos encontrar subsídios para iniciar o processo da problematização?

Escolhemos uma situação do dia a dia dos alunos que procuram recolher informações em jornais, revistas ou em qualquer outro meio. A coleta de materiais pode ser facilitada se seguir, por exemplo, a organização feita por Lopes, em que os materiais são divididos em quatro formas. Veja o quadro a seguir.

Quadro 3.1 – Materiais possíveis para a problematização

Recortes de jornais e revistas	Aparelhos ou objetos e/ou parte deles	Audiovisual	Visitas de estudo
~ Apresentar recortes fazendo comparações. ~ Enquadrar situações indicando temas de estudo e pesquisas.	~ Apresentar descrição, especificações e componentes quando possível. ~ Enquadrar um objeto criando um título para a situação.	~ Exibir material audiovisual. ~ Criar um título e, com base nele, utilizar o material audiovisual.	~ Fazer visitas onde sejam explorados informações relacionadas ao tema.

Fonte: Adaptado de Lopes, 1994.

As informações trazidas pelos alunos devem ser tratadas previamente pelo professor para que sejam ajustadas aos conceitos que serão estudados em sala.

Depois de escolhidas as informações e todos os alunos tiverem conhecimento sobre elas, devemos sistematizá-las, estabelecendo relações entre elas mediante discussões e argumentações relevantes ao assunto.

Nesse momento, devemos estar atentos à compreensão dos alunos sobre o trabalho em desenvolvimento. É de extrema importância a percepção dos conceitos e das relações que ocorrem entre eles. Para isso, o material pode ser utilizado de forma que estimule o surgimento de perguntas.

Para que haja organização, podemos realizar uma nova sequência de tarefas a serem desenvolvidas durante o tempo proposto para um certo conteúdo. Por exemplo: a formulação de uma situação-problema pode ser feita considerando a utilização de experimentos, leituras de textos informativos e outros elementos selecionados pelo professor ou pelo aluno.

Ao propor uma situação-problema como forma de avaliar a aprendizagem dos alunos e a eficiência do processo de ensino utilizado, solicite a eles uma reflexão sobre os caminhos percorridos e os resultados alcançados durante o seu trabalho. Você pode reforçar essa atividade solicitando ainda que escrevam e apresentem oralmente suas ideias aos colegas. Essa atitude é valiosa para os estudantes que exercitam o ato de interpretar e representar ideias, além de perceberem, por meio da apresentação dos colegas, diversas maneiras de se conceber uma mesma ideia. Para o professor, esses resultados devem servir como *feedback*, levando-o a repensar e a reformular seus procedimentos para que possa aperfeiçoar (quando julgar necessário) seus objetivos e as formas de condução do processo de ensino-aprendizagem.

Síntese

Dentro deste capítulo, abordamos uma das estratégias mais utilizadas nas aulas de Física: a resolução de situações-problema na aprendizagem dos conteúdos. Essa prática é norteada por vários aspectos que devem ser atendidos, como a dificuldade dos estudantes em interpretar certas situações, o algoritmo como ferramenta para a resolução de situações-problema e o ambiente em que está inserido o estudante.

Abordamos também a importância de o professor estabelecer diferenças entre um problema e um exercício, pois, com o estabelecimento dessa diferença, o professor poderá intencionalmente optar por uma ou outra forma, de acordo com os objetivos que pretenda alcançar, como o aprendizado significativo do estudante.

Buscamos, mediante a abordagem de autores como Lopes, Gil-Pérez e Martinez Torregrosa, contemplar a problematização dentro de sala de aula, que ressignifica o conhecimento que o estudante possui e permeia o diálogo entre os envolvidos no processo de ensino-aprendizagem ao explorar o conteúdo, tendo, assim, importante papel na formação do estudante.

Dessa forma, podemos dizer que a utilização de situações-problema no ensino de Física é significativa para o aluno quando o professor busca a melhoria na construção do conhecimento científico do aluno.

Indicações culturais

Eco, H. **O nome da rosa**. Rio de Janeiro: Record, 1986.
> A obra é marcada por mortes em um mosteiro beneditino na Idade Média, onde um monge é incumbido de solucioná-las. O livro provoca o leitor a formular hipóteses, discutir e criar situações para desvendar o mistério.

Gonick, L; Huffman, A. **Introdução ilustrada à Física**. Tradução e adaptação Luis Carlos Menezes. São Paulo: Habra, 1994.
> Nesse livro, os autores Larry Gonick e Art Huffman abordam, por meio de cartoons, conceitos da física, como as Leis de Newton, a quantidade de movimento angular e a relatividade, entre outros.

Além disso, o professor pode trabalhar em sala de aula utilizando estratégias, como a resolução de problemas, para criar situações compreensíveis e desafiadoras para os alunos. O educador também pode partir dos cartoons para instigar os estudantes acerca da história da ciência ou da experimentação.

Atividades de Autoavaliação

1. Nas afirmações que estão relacionadas à problematização, indique (V) para verdadeiro e (F) para falso:
   ( ) O professor não deve deixar de contemplar os conteúdos e as estratégias de aprendizagem por meio da problematização, que levará o estudante sozinho, em qualquer fase de sua aprendizagem, a produzir sua significação do mundo.
   ( ) A problematização permite que o indivíduo desenvolva a capacidade de situar-se no mundo e de utilizar o que conhece de todas as disciplinas, utilizando-as em situações do dia a dia.
   ( ) Com relação à forma de trabalhar a problematização, podemos dizer que, além de estar diretamente ligada à ação docente, ela deve estar vinculada a um ambiente prazeroso, em que o estudante tenha vontade de realizar as atividades.
   ( ) A problematização deve ser pensada considerando o contexto cultural do aluno, uma vez que esse contexto certamente estará ligado está a resoluções de problemas com a utilização automática de algoritmos.

2. Com base nas ideias expostas do texto sobre o uso de exercícios e nos

problemas resolvidos em sala de aula, indique (V) para verdadeiro e (F) para falso:

( ) A dificuldade dos estudantes está em diferenciar um problema de um exercício, pois estes normalmente relacionam um problema à substituição de um algoritmo.

( ) Exercícios e problemas são diferenciados pela forma como são abordados. O primeiro trata de treino do algoritmo, e o segundo, do treino de técnicas para resolver dada situação.

( ) Para que a utilização do problema não seja confundida com a resolução de um exercício, é necessário haver o questionamento e a reflexão qualitativa com os estudantes. Assim, serão desenvolvidas formas de raciocínio diferenciadas.

( ) A utilização de exercícios como forma de exemplificar situações e/ou problemas que sejam resolvidos com a utilização do algoritmo tem sua importância no processo de aprendizagem.

3. Considerando as características de uma situação-problema e as abordagens feitas no texto, marque (V) para verdadeiro e (F) para falso:

( ) A problematização, envolve o estudante e contribui para que, durante o processo de aprendizagem, ocorram questionamentos e, na resolução destes, os estudantes estabeleçam relações com o mundo que os cerca.

( ) Por meio da problematização, o estudante aprende a utilizar o único algoritmo correto para resolver a situação apresentada.

( ) As atividades propostas pelo professor de Física devem se deter unicamente aos conceitos da disciplina. Dessa forma, o uso da interdisciplinaridade em situações-problemas deve ser evitado, pois poderá confundir os alunos.

( ) Para problematizar, devemos levar em conta quatro aspectos: a linguagem utilizada, os interesses dos alunos, os objetivos a serem atingidos e o tempo disponível.

4. Com relação à problematização como processo de aprendizagem, é correto afirmar que:
   a) proporciona ao estudante apenas habilidades para resolver exercícios utilizando-se de algoritmo, o que facilita a compreensão das situações propostas em sala de aula.
   b) proporciona ao estudante o questionamento e o estabelecimento de relações com o mundo, fazendo com que ele vincule as disciplinas estudadas às situações propostas.
   c) proporciona ao estudante a reflexão sobre a situação proposta, tendo em vista que parte de uma visão baseada unicamente em exercícios repetitivos.
   d) dá ao professor condições de ultrapassar barreiras em sala de aula, quando trabalhada apenas no primeiro semestre do ano letivo.

5. Sobre exercícios e situações-problema, podemos afirmar que:
   a) numa situação-problema, as informações são apresentadas integralmente, existindo, assim, apenas uma forma de resolução.
   b) um exercício deve proporcionar o crescimento de conceitos e o desenvolvimento de conhecimento processual.
   c) uma situação-problema deve ser utilizada para operacionalizar um conceito e treinar o uso de técnicas, regras ou leis, limitando-se ao uso do algoritmo.
   d) um exercício tem a informação na quantidade certa, a qual não precisa ser trabalhada. Assim, a contextualização em física não existe; apenas é dada uma solução levando em conta um processo conhecido.

Atividades de Aprendizagem

Questões para reflexão

1. A resolução de situações-problema nas aulas de Física é um recurso utilizado com frequência, mas não refletida como deveria. Pensando nisso, forme um grupo com 3 a 5 colegas e discutam esse tema. Depois, procure fazer um registro das principais perguntas e reflexões tratadas. Para auxiliar seu registro, apontamos algumas questões a seguir:
   a) Como as situações-problema estão sendo utilizadas nas escolas de forma geral?
   b) A atividade de resolução de situações-problema contribui para o desenvolvimento do processo de aprendizagem? De que forma?
   c) Qual(ais) é(são) a(s) contribuição(ões) de um trabalho de problematização para a aprendizagem do aluno?

2. Discuta com seus colegas o tema "Problema *versus* exercício – Qual a minha prática?". Depois, registre suas considerações. Para nortear a discussão, algumas questões são apontadas a seguir:
   a) A minha prática pedagógica está sendo significativa para o meu aluno?
   b) Qual a importância dada durante as minhas aulas às discussões, argumentações, formulação de hipóteses e análise de resultados?
   c) Você, enquanto profissional da área de física, atribui a mesma importância ao exercício e à situação-problema?

Atividades Aplicadas: Prática

1. Escolha dois livros didáticos de Física: um deles que seja utilizado por sua escola e um outro que você conheça. Faça uma comparação das atividades que os dois oferecem, analisando qual delas é mais problematizadora. Escolha, então, um exercício e transforme-o em uma situação-problema.

2. Escolha uma reportagem em um jornal de sua cidade ou estado e procure problematizá-la dentro dos conteúdos trabalhados em Física. Descreva os passos utilizados e as atividades propostas.

$$\frac{-b \pm \sqrt{b^2 - 4ac}}{2a}$$

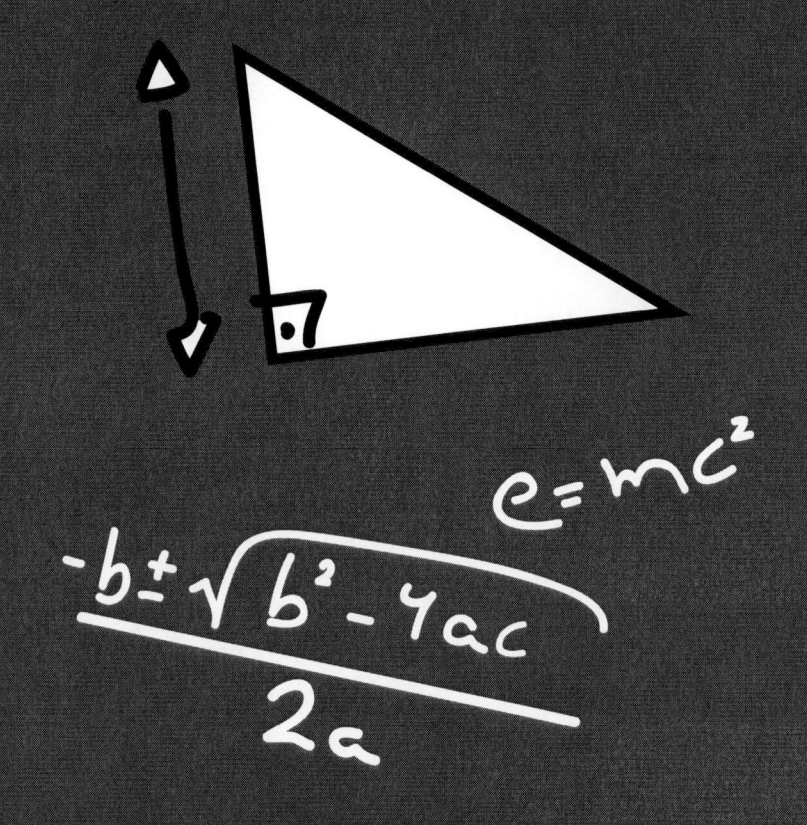

$$e = mc^2$$

Capítulo 4

São comuns, no ensino de Física para o ensino médio, aulas de exposição de conteúdos em quadro-negro, finalizadas com a resolução de uma série de exercícios matemáticos tirados de livros didáticos. Essa é uma prática bastante criticada, pois nem sempre cumpre o objetivo de aprendizagem.

Em contrapartida crescem, nos meios de publicações da área de ensino de Física, propostas de estratégias diferenciadas de atuação nesse nível de ensino, tal como a estratégia da experimentação.

Trataremos desse tema refletindo sobre suas recomendações, justificações e objetivos para o ensino-aprendizagem de Física e apresentaremos ainda uma ilustração de como trabalhar usando a estratégia da experimentação estruturada em um plano de aula.

A atividade experimental no ensino de Física

4.1 Como utilizar a experimentação no ensino de Física?

Você já refletiu sobre o perfil de sua aula? Que estratégias você tem usado para melhorar a aprendizagem de seus alunos?

A experimentação é uma das estratégias que vêm sendo propostas para o ensino de Física. Este, sob o enfoque experimental, deve ultrapassar aquela visão tradicionalista de experimento concebida sob a influência empirista-indutivista, tratada no Capítulo 1. Nessa visão, o experimento é composto de um equipamento pronto, com um roteiro no formato de receita, indicando aos alunos os procedimentos a serem seguidos, tanto para a utilização do aparelho quanto para a coleta de dados. Essa espécie de procedimento é muitas vezes criticada, pois passa a ideia de ciência construída pela observação dos fatos, podendo-se absorver desse processo a própria realidade. Assim, o trabalho com o experimento torna-se para o aluno uma mera **execução de tarefas**. Dessa forma, o estudante coleta dados e faz cálculos que servem para a verificação de leis e de teorias físicas já aceitas na comunidade científica e previamente estudadas na sala de aula. Como muitos dos resultados obtidos nesses experimentos já são conhecidos, essa atividade isolada de um contexto de reflexões pouco contribui para a aprendizagem do aluno. Dessa forma, a interação com o objeto não causa contrapontos, não ocasiona conflitos, apenas se verifica o dado empírico que já consta nos livros ou nas aulas ditas "teóricas".

4.2 Como provocar a reflexão do aluno sobre certo experimento?

A estratégia de ensino de Física sob o enfoque experimental é defendida por diversos investigadores e educadores do ensino de ciências[*], desde uma perspectiva de ensino cognitivista, superando o enfoque anteriormente criticado.

Nessa visão, a experimentação deve ser utilizada segundo seu aspecto **qualitativo**. Quando o interesse do professor é problematizar para obter uma situação de ensino mais significativa, interessa mais a reflexão que o material suscita no ambiente de sala de aula do que a pura matematização

---

[*] Arruda; Silva; Laburu (2001); Araújo; Abib (2003); Villani; Nascimento (2003); Praia; Cachapuz; Gil-Pérez (2002).

do experimento ou a simples obtenção de um número que pouco representa para o aluno. Como qualitativo, o **experimento** pode se configurar como um **objeto de problematização**, sugerindo confronto entre concepções científicas e conhecimentos prévios dos estudantes, além de diversos outros elementos que podem despertar o interesse destes.

4.3 Qual a importância das atividades experimentais nas metodologias de ensino de Física?

Respondemos a essa questão fazendo uma opção de enfoque com base nas ideias de Villani e Nascimento (2003). Esses pesquisadores expõem a aprendizagem como um processo de "enculturação" ou apropriação de um discurso. Os autores mencionam Driver, o qual explica "enculturação" como a apropriação de uma cultura científica e, fundamentando-se nas ideias de Lemke, explicitam o ato de aprender ciência como a apropriação do discurso científico. Para Villani e Nascimento, um elemento importante para que se efetivem os processos é a **argumentação**. O que se pretende é reestruturar o conhecimento científico do sujeito, por meio da negociação de ideias que se dá no contexto da argumentação para a reelaboração de um novo discurso. É, portanto, o discurso que dá vazão ao conhecimento apreendido pelo sujeito.

Logo, nesse enfoque, o laboratório ou experimento torna-se relevante, como um instrumento gerador de observações e de dados para as reflexões, ampliando a argumentação dos alunos. No experimento, tem-se o objeto em que ocorre a manipulação do concreto, pelo qual o aluno interage por meio do tato, da visão e da audição, contribuindo para as deduções e as considerações abstratas sobre o fenômeno observado.

Para isso, uma atividade experimental deve ser "cuidadosamente" planejada. Assim, devemos ter em vista o conjunto de equipamentos ou recursos materiais e algum instrumento de orientação ao aluno, motivando um ambiente de discussão, reflexão e negociação de opiniões e conhecimentos. Dessa forma, o experimento constitui um estímulo à argumentação dos alunos, que se dá quando eles discordam, apoiam e compartilham opiniões, informações e verificações. Lembramos aqui também a importância da linguagem a ser compartilhada entre o professor e os alunos, pois é por intermédio dela que o pensamento científico[*] é estruturado e mobilizado, dando vazão ao discurso que será mais próximo do científico quanto melhor planejados forem os elementos utilizados pelo professor em suas aulas.

> Refletindo sobre as ideias apresentadas até aqui, pense em um pequeno e simples **arranjo experimental** que você pode usar em algum conteúdo como gerador de reflexões para a argumentação de seus alunos. Sistematize como seria a sua estratégia.

4.4 A atividade experimental com enfoque qualitativo no planejamento de aulas

Mesmo um experimento considerado tradicional e quantitativo poderá ser utilizado como objeto de aprendizagem cognitiva, desde que, por meio de planejamento, seja transformado em instrumento de articulação dentro das estratégias selecionadas pelo professor.

Nesse planejamento, é preciso ter em vista:
- ~ quais são os objetivos do experimento, sendo reforçada a necessidade da inserção da reflexão como um desses objetivos;
- ~ como atingi-los pela sua aplicação;
- ~ como o experimento levará o aluno às pretendidas reflexões.

[*] Em Villani e Nascimento (2003), encontramos uma discussão mais ampla sobre a questão da linguagem no ensino de Física.

Dessa forma, certo experimento considerado tradicional pode contribuir para reflexões significativas no campo da argumentação. Por exemplo: um experimento montado para a medida de alguma grandeza física previamente conhecida pode ser feito por meio da observação das exigências de critérios para a coleta e a análise de dados, a adequação e a precisão dos instrumentos de medidas, a recorrência ao tratamento estatístico e as incertezas nas medidas. Esses são elementos que podem ser extraídos de um experimento com caráter quantitativo, mas sob um questionamento de ordem qualitativa com enfoque cognitivista. Temos em vista que:

> o laboratório didático influencia diretamente a argumentação dos alunos, ao "guarnecer" o discurso, no qual estão inseridos os argumentos, com três tipos específicos e distintos de dados: dados fornecidos pelo roteiro (DF); dados empíricos obtidos através da atividade experimental (DE), e dados resgatados do cotidiano (DR). O dado empírico (DE), aumenta a probabilidade da ocorrência de argumentos, cuja estrutura se aproxima bastante da estrutura dos argumentos científicos. (Villani; Nascimento, 2003, p. 24)

No entanto, consideramos também que a "experimentação quantitativa permite tornar mais concretos os conceitos abordados" (Araújo; Abib, 2003).

Assim, percebemos a possibilidade de aproximar, por meio do planejamento, elementos de certo perfil de experimento com outros para melhorar o poder de argumentação sobre as observações.

> Como seria um planejamento de ensino que considere a estratégia experimental de ordem **qualitativa**?

Faremos uma ilustração com alguns aspectos de planejamento de aulas, utilizando a estratégia da experimentação em conjunto com outras, considerando sobretudo aspectos qualitativos no uso didático de experimentos. Voltaremos nossa atenção aos fenômenos que relacionam conhecimentos prévios, permitem o conflito cognitivo, instigam uma explicação do observador e requerem leituras de escalas e medidas. O trabalho de ensino considerando esses elementos busca contatos, observações, trocas e reflexões de ideias que devem enriquecer o processo de argumentação para a reelaboração do discurso do aluno.

Para isso, apresentamos os elementos principais de uma proposta de aula, utilizando esquemas experimentais simples, tendo como objetivo propiciar, num conjunto com outros recursos, observações e informações para fomentar a argumentação dos alunos. Esse processo busca a consciência deles sobre suas concepções em comparação com o conhecimento científico.

No planejamento dessa aula, sugerimos o uso de três estratégias, a saber (observe que a experimentação é um dos elementos dessa estratégia):

1. investigação de conceitos por parte dos alunos;
2. exposição de conceitos por parte do professor;
3. práticas de experimentação.

Essas estratégias devem ser pensadas e organizadas para que reforcem o processo de desenvolvimento do tema como um todo.

Na primeira etapa, a pesquisa do aluno deve ser norteada pelo professor, que pode elaborar algumas questões para a orientação do trabalho do estudante. As questões devem ser provocantes e intimamente relacionadas com o contexto da exposição e da experimentação que serão feitas na sequência. Assim, o aluno vai construindo um certo referencial teórico para as próximas observações e reflexões.

Na segunda etapa, a exposição de conceitos, o professor já deve conhecer os resultados da investigação feita por seus alunos. Sua exposição deve interagir com dados trazidos pelos discentes, o que a tornará mais significativa.

A terceira etapa, objeto de discussão deste capítulo, pode ser organizada sob os seguintes princípios:

~ Contém ao menos alguns experimentos de confecção simples e rápida, permitindo a interação dos alunos na fase de organização das experiências. Nesse trabalho de organizar as experiências, surgem questões, informações e orientações durante a interação física com o material, servindo como elementos de argumentação.

~ A proposta é que o experimento seja desenvolvido, num conjunto de dois a três alunos, para favorecer a troca mais organizada de ideias, sem inibir a interação com outros grupos quando esta for pertinente. Aqui é importante considerar também o papel da mediação e da colaboração entre os alunos na construção dos conhecimentos.

~ É importante que o desenvolvimento das experimentações possa ser acompanhado mediante um instrumento para a orientação dos alunos. O objetivo é auxiliar a reflexão deles sobre o que está em estudo. Tal instrumento de orientação pode conter informações e questionamentos sobre os conteúdos estudados, com espaço reservado à sistematização das ideias por parte dos alunos, em reflexão durante o processo de desenvolvimento dos experimentos. No entanto, deve fugir ao perfil dos roteiros como "receitas". Ao construir esse instrumento, o professor pode preparar informações e questões delineando um fio condutor que permita liberdade de pensamento e posicionamento por parte dos estudantes, o que, de certa forma, trará uma certa convergência das ideias sobre o tema em estudo, evitando uma discussão demasiadamente aberta que comprometa a qualidade da aprendizagem.

Com base no que foi exposto, apresentamos partes de um instrumento de orientação dirigido aos alunos, que indicam procedimentos didáticos e metodológicos empregados em aulas de Física.

Na sequência, abordamos quatro experimentos desenvolvidos com base em Carvalho et al. (1999, p. 50-57).

Experimento 1: Escalas e medidas de temperatura
Instrumento de orientação aos alunos
Os alunos encontrarão: diversos termômetros soltos sobre a mesa, algodão, copo com arroz, copo com água e um pote com gelo. Inicialmente, eles devem observar as escalas dos termômetros soltos sobre a mesa.

Em seguida, devem indicar o uso para cada espécie desses termômetros, anotar os números iniciais e finais de cada termômetro e responder à seguinte pergunta: Por que alguns equipamentos têm esses números diferentes?

Nessa situação em que o aluno solicita informações sobre o uso dos termômetros, surge também a confusão entre o que é número da escala e o que é medida da temperatura. Essas são informações que já devem ter sido trabalhadas na pesquisa e na exposição teórica. Nessa fase, elas podem ser, então, esclarecidas de forma mais concreta com o aparelho na mão do aluno.

Continuação do experimento 1
Agora, os alunos devem observar um termômetro nas seguintes situações:
~ envolvido em algodão;
~ inserido dentro da água;
~ inserido dentro de um copo com arroz;
~ colado sobre a mesa;
~ colocado dentro do pote de gelo;
~ colocado embaixo do braço – na axila (você pode solicitar para que um colega o faça).

Os alunos devem aguardar alguns minutos, anotar as temperaturas medidas em cada termômetro nos diferentes corpos e, depois, responder às seguintes perguntas: O que dizer das temperaturas medidas nesses corpos? Em quais desses aparelhos foram identificadas temperaturas mais próximas e em quais se foram notadas temperaturas mais distantes?

Com base em estudos já feitos, os discentes podem relatar as suas ideias, explicando por que (nessas condições) alguns equipamentos indicam medidas diferentes.

A intenção inerente a esses questionamentos visa suscitar uma conversa sobre a utilização comercial de cada tipo de termômetro e a tendência de ocorrer o equilíbrio térmico entre os corpos. No entanto, nesse experimento, quando os alunos percebem uma certa liberdade por parte do professor, eles não se atêm apenas ao roteiro e acabam por fazer testes, motivados por curiosidades particulares, referentes à constituição do aparelho, à calibragem e às condições de medidas. Por exemplo: eles acabam colocando mais de um termômetro no gelo e percebem que termômetros indicam medidas diferentes nas mesmas condições. E, por que, mesmo com a utilização de diversos termômetros, não foi possível medir a temperatura do gelo nos exatos 0 (zero) graus Celsius? São questões que podem ser exploradas no nível de reflexão sobre parâmetros de medidas físicas.

Esse é um exemplo de experimento que, de forma simples, utiliza verificações sobre grandezas preestabelecidas, como a temperatura corporal e a temperatura do gelo, muitas vezes já conhecidas pelos alunos. O confronto desse conhecimento com os observados pelos alunos no experimento traz reflexões para argumentações de aprendizagem significativa.

Experimento 2: Fluxo de calor
Instrumento de orientação aos alunos
Dois cubos de gelo de mesmo tamanho devem ser envolvidos da seguinte maneira:

~ um deles em papel metálico (laminado);
~ o outro em uma pequena manta de inverno.

Faça uma previsão: Qual deles derrete mais rapidamente? Antes de saber o resultado final, formule (escrevendo) uma explicação para a sua resposta.

Essa é uma experiência de cunho qualitativo, cujo interesse é o de promover o "conflito cognitivo" entre as concepções dos estudantes sobre a propagação de calor e a explicação científica. Aqui, após os resultados experimentais, podemos observar diversos "olhares frustrados". Os esclarecimentos do professor precisam ser explicados pausadamente e pautados em elementos teóricos já pesquisados e refletidos. Diversas questões vindas da experiência cotidiana serão levantadas pelos alunos, reforçando ou contestando a explicação científica, surgindo, assim, um campo de argumentações que precisa de grande cuidado para não reforçar ainda mais conhecimentos alternativos, visto que o interesse é promover o discurso com clareza da visão científica. Por isso, o trabalho pedagógico, utilizando as concepções cotidianas dos alunos, requer avaliação para que seja realizado o diagnóstico, no seu novo discurso, de como se deu a aprendizagem do conteúdo escolar. Lembramos que já é admitido, entre educadores contemporâneos do ensino de Física, um perfil conceitual (Mortimer, 1996). Neste, aceita-se que o aluno vá construindo seu discurso cada vez mais próximo do científico, quanto maior for a necessidade de utilização das ideias e da linguagem desse campo por parte dele.

Podemos observar também que o experimento 1 pode ser usado para promover conflito cognitivo. Para isso, o professor pode solicitar aos alunos que estimem as temperaturas dos objetos envolvidos, incluindo ainda um pedaço de papel metálico e um copo com pedacinhos de isopor. Depois que os estudantes fizerem os registros das temperaturas estimadas, é interessante pedir que eles coloquem os termômetros para as medidas e que comparem os resultados medidos com os estimados.

Experimento 3: Condução de calor
Instrumento de orientação aos alunos
Os alunos devem observar um equipamento montado com suportes de madeira e uma chapa metálica, no qual estão fixados percevejos com cera de abelha (pode ser parafina de vela).
Sob a chapa metálica encontra-se uma fonte de calor (lamparina ou vela). Os alunos devem descrever o equipamento e o fenômeno.

Figura 4.1 – Condução de calor

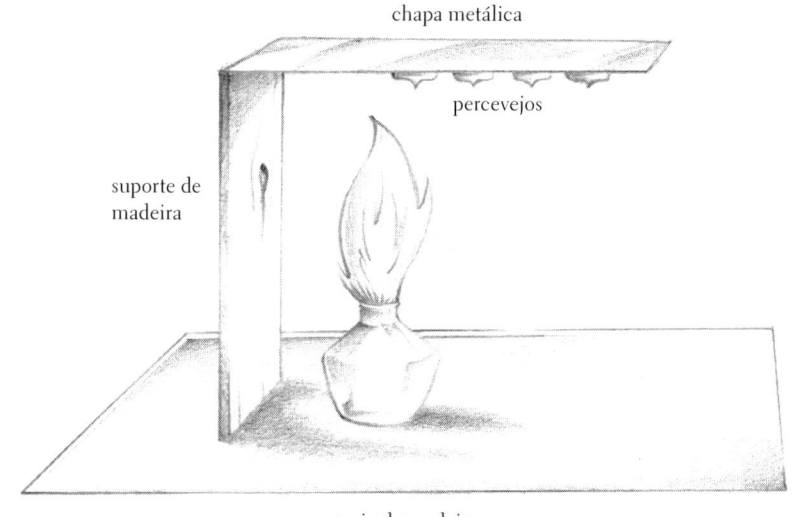

Esse é um experimento importante por se tratar de um objeto de observação concreta. No entanto, necessita de uma exploração sobre o modelo cinético-molecular da matéria no que diz respeito ao conceito de calor como energia em trânsito. Esse experimento, por si só, pode não suscitar grandes argumentações. Entretanto, pode servir como objeto empírico usado pelos alunos para amparar uma reelaboração de suas ideias, num processo de adaptação dos dados que já vêm sendo refletidos nos estudos anteriores (fase de pesquisa e exposição teórica)

com a sequência de queda dos percevejos. O exercício de escrita é uma forma de expressão dessa adaptação dos dados adquiridos pela pesquisa, de exposição do professor e de observação do experimento.

Experimento 4: Convecção de calor
Instrumento de orientação aos alunos
Os alunos devem observar um equipamento montado com uma lâmina metálica torcida na forma de uma espiral e suspensa por um fio em um suporte. Sob a lâmina metálica, eles irão colocar uma fonte de calor (lamparina ou vela) e, depois, observar o que acontece[*].
Por fim, os alunos terão que descrever o equipamento e indicar que processos de transferência de calor podem ser identificados.

Figura 4.2 – Convecção de calor

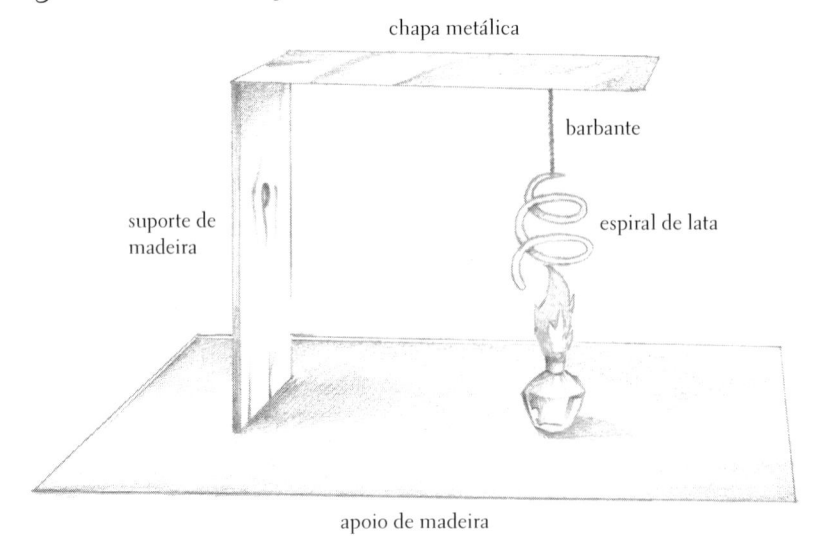

[*] Durante a montagem desse experimento, é preciso cuidado na escolha do fio, que deve ser o mais leve possível para facilitar o movimento da espiral. Aumentando-se a intensidade da chama, também é possível obter um movimento mais intenso.

Esse experimento pode ser explorado com base no roteiro, de forma bem aberta. Ele suscita entusiasmo nos alunos e além disso, surgem algumas explicações que levantam dúvidas dos colegas. Cria-se, nesse ambiente, uma certa expectativa, com diversas especulações, mas que fogem a conhecimentos previamente formulados por eles. Não há, por parte deles, reflexões sobre situações similares, como, por exemplo, a ação de ferver água em chaleira ou a formação dos ventos.

É importante que, nesse momento, o professor esteja interagindo com os alunos, deixando que exponham suas explicações e, delas, identifiquem e selecionem dados, incluindo informações, como o alerta para a presença do fluido ar que envolve o aparelho. O professor pode auxiliá-los relembrando os dados estudados anteriormente e indicando relações entre as reflexões dos alunos, as observações sobre o experimento e os conhecimentos científicos relacionados. Essa é uma espécie de problematização em que o professor pode promover a convergência das explicações alternativas dos alunos para o conhecimento científico, como foi visto no capítulo 1.

Podemos notar que cada experimento é desenvolvido em um nível de discussão diferenciado. No primeiro, privilegiamos, mesmo sem rigor metodológico e sem o uso de cálculos matemáticos, questões de adaptação comercial de equipamentos de medidas. No segundo, abordamos a ocorrência de um conflito cognitivo. No terceiro experimento, enfatizamos o exercício de leitura de um fenômeno por meio de um modelo teórico aceito pela ciência, que é o modelo cinético-molecular para a condução do calor. No quarto, criamos uma situação-problema em que as ideias iniciais são quase meramente especulativas. Neste, o professor precisa orientar a seleção de informações vindas dos alunos em comparação com ideias que já foram estudadas nas fases anteriores. Vimos, assim, exemplos de experimentos, efetivados mediante o planejamento de um conjunto de aulas.

Acreditamos que a forma de construção do conhecimento não ocorre por uma "via de mão única". É preciso atravessar diversos caminhos por variadas direções e sentidos, tendo em vista uma comunicação entre eles que produza motivação, criando, assim, relações significantes.

Portanto, um plano de aula precisa compreender mais de uma estratégia de ensino. Na abordagem apresentada no planejamento de um conjunto de aulas, a estratégia de experimentação foi sugerida no final da sequência das aulas. Nosso objetivo foi propiciar aos alunos mais um contexto de estudos para a argumentação, num momento em que eles já tenham iniciado alguns estudos sobre o conteúdo em desenvolvimento. No entanto, outros caminhos podem ser delineados de acordo com os objetivos do professor. A estratégia de experimentação dentro de um plano maior de aulas, diferente da opção feita nesta abordagem, pode ser utilizada como uma aula de introdução, com o intuito de, por exemplo, provocar discussões sobre fenômenos a serem estudados na sequência das atividades.

4.5 Concepção epistemológica do professor e sua relação com o ensino

Encontramos em Arruda, Silva e Laburu (2001) uma reflexão sobre a utilização do laboratório didático e a concepção científico-filosófica que embasa a utilização desse recurso. Esses autores questionam o método hipotético-indutivista utilizado por professores que pensam contribuir para que o aluno possa, por meio da manipulação de um experimento, levantar, verificar e falsear hipóteses científicas. Um contraponto é feito com ideias teóricas de Kuhn, que afirma que teorias científicas em construção sofrem um processo de grande reflexão sobre si mesmas, numa tentativa de ajuste, como se fossem um quebra-cabeça sendo montado. Assim, a teoria passa por um processo de "adaptação" até ser aceita pela comunidade científica.

Existe uma certa dificuldade do aluno iniciante em lidar com essas ideias, pois elas não são percebidas no contato imediato. Diante disso, torna-se importante a orientação do professor, indicando os caminhos percorridos pela ciência na construção de conceitos científicos.

Dessa maneira, o professor precisa refletir sobre a postura filosófica que tem guiado seu ensino, avaliando se os métodos e se o sistema de avaliação usados são capazes de identificar se os objetivos propostos estão sendo atingidos.

Síntese

Neste capítulo, você estudou sobre a estratégia experimental para o ensino de Física. Justificamos essa estratégia no ensino cognitivista, entendendo a aprendizagem como uma "apropriação de cultura" ou a "apropriação de discurso científico", em que a argumentação desenvolve um papel importante. Dentro desse enfoque, o experimento serve para estimular e ampliar o campo de argumentações dos alunos.

Para isso, torna-se adequado trabalhar o experimento num enfoque qualitativo, devendo ser usado para suscitar reflexões nos alunos, que podem envolver a utilização e o aperfeiçoamento da produção científica nas atividades humanas, o conflito entre suas concepções e teorias científicas ou, ainda, algo que lhes desperte curiosidade e exija uma explicação. A estratégia experimental deve ser combinada com outras estratégias, pois requer referencial teórico sobre ideias científicas para as reflexões que deve suscitar nos estudantes.

No enfoque que apresentamos aqui, o objetivo do uso da referida estratégia no ensino de Física é ampliar os dados para a argumentação. Por isso, ela deve ser cuidadosamente planejada para que as ações despertem a atenção dos alunos em relação à pretendida discussão, sem deixar que as "alegorias" mascarem o objetivo principal desse ambiente de aprendizagem. Com esses cuidados, a experimentação pode ser usada para produzir diversos níveis de informações para a argumentação, dentro de uma linguagem compartilhada entre aluno e professor.

Indicações culturais

CADERNO CATARINENSE DE ENSINO DE FÍSICA. Florianópolis, v. 21, nov. 2004. Edição Especial. Disponível em: <http://www.fsc.ufsc.br/ccef/>.

A obra reúne diversos artigos sobre experimentos de diversos campos da Física, publicados no periódico mencionado. Há artigos de caráter diversos: enquanto alguns discutem a importância e o papel da experimentação na aprendizagem em Física, outros trazem propostas de atividades. Essa coletânea traz um diferencial pela forma como os experimentos são tratados: os autores, além de explicarem como produzir ou montar seus experimentos, também oferecem fundamentação teórica sobre eles e argumentos de como utilizar estratégias na aprendizagem da Física.

SANTOS, D. A. **Experiências de física na escola**. 4. ed. Passo Fundo: Ed. Universitária, 1996.

Estão reunidas neste livro propostas para a construção de aparatos experimentais com materiais alternativos, em geral de baixo custo e de fácil construção e manuseio. Há também sugestões de procedimentos.

Atividades de Autoavaliação

1. Discutimos neste capítulo recomendações sobre a estratégia experimental para o ensino de Física. Marque com (F) falso ou (V) verdadeiro as alternativas que se referem a esse aspecto do capítulo:

( ) O laboratório é a única boa estratégia para o ensino de Física.
( ) O laboratório no modelo tradicionalista pode ser transformado em estratégia para o uso da experimentação, desde que planejado para abordar questões de cunho qualitativo.
( ) O ensino com base no experimento é recomendado livremente, em qualquer atividade de ensino, pois o experimento, fala por si só.
( ) Recomenda-se a estratégia experimental, fundamentada em um planejamento cuidadoso dos objetivos a serem alcançados e dos encaminhamentos a serem adotados.

2. Neste capítulo, apoiamos nosso estudo sob alguns princípios. Com base nisso, assinale (V) para as sentenças verdadeiras e (F) para as falsas:
( ) A estratégia experimental é usada dentro de um plano de aula, sob a concepção de ensino cognitivista.
( ) A argumentação contribui para a aprendizagem como um processo de enculturação.
( ) As possibilidades de o aluno se apropriar de um discurso científico são muito remotas.
( ) O trabalho com experimentação pode desestruturar a aula do professor, pois abre para discussões bastante amplas e sem propósito.
( ) A argumentação é um processo importante nas estratégias de ensino-aprendizagem da Física, tanto na concepção de aprendizagem como na de "enculturação" ou como "apropriação do discurso científico".

3. Quanto aos objetivos defendidos no Capítulo 4 para a utilização da experimentação em sala de aula numa perspectiva qualitativa, indique o que é falso com (F) e o que é verdadeiro com (V):

( ) Treinar o aluno para ser cientista ensinando regras de experimentação.
( ) Confirmar grandezas físicas e provar a teoria.
( ) Propiciar um ambiente de observações para que os alunos reflitam sobre fenômenos científicos.
( ) Promover o processo de argumentação dos alunos sobre fenômenos observados.
( ) Combinado com outras estratégias, o objetivo do experimento pode ser o de enriquecer ou reformular o discurso científico do aluno.

4. Quanto aos elementos a serem explorados no procedimento experimental de uma aula, é correto afirmar que:
   a) pode-se promover o conflito cognitivo, fazendo com que o aluno abandone totalmente sua concepção cotidiana e assuma a concepção científica.
   b) um experimento de caráter quantitativo pode ser explorado de forma qualitativa. Por exemplo: a leitura de escalas e medidas de grandezas físicas.
   c) concepções espontâneas dos alunos são impossíveis de serem abandonadas, portanto esse procedimento é pouco importante.
   d) conhecimentos prévios e a importância comercial de um equipamento científico são elementos que não se viabilizam nos procedimentos experimentais, pois não despertam o interesse do aluno.

5. No que se refere a um plano de aulas que inclui o experimento, é correto afirmar que:
   a) a atividade experimental é suficiente para propiciar aprendizagem cognitiva aos alunos.
   b) a atividade experimental não precisa de outros elementos para dar suporte teórico às observações que serão feitas pelos alunos.

c) a interação dos alunos com um experimento é suficiente para suscitar ideias científicas aos estudantes.
d) um roteiro pode ser importante para orientar a reflexão sobre o experimento. Visa convergir para um conceito pretendido, sem, no entanto, limitar as possibilidades de discussão.
e) nesse enfoque, o trabalho em grupos pode diminuir o rendimento dos alunos. Por isso, recomenda-se que os alunos trabalhem de forma individual.

Atividades de Aprendizagem

Questão para reflexão

1. Apresentamos neste capítulo uma discussão sobre a estratégia experimental no ensino de Física. Talvez você já pratique alguma forma didática utilizando-se dessa estratégia. Organize um grupo de estudo com alguns colegas da área e estabeleça o uso de alguma estratégia experimental em suas aulas, registrando as experiências realizadas e depois respondendo aos seguintes questionamentos:
   a) Quais são os objetivos para a utilização das experiências?
   b) Elas contemplam aspectos quantitativos e/ou qualitativos?
   c) As orientações e as observações sobre o experimento têm possibilitado um processo de argumentação para o aluno?

   Propõe-se ainda que cada integrante do grupo investigue o tema em bibliografias de autores diferentes. Depois desse exercício, o grupo escolherá um dos esquemas de um dos integrantes do grupo para reelaborá-lo, montando e redigindo um plano de aula segundo as ideias refletidas pelo grupo e considerando também as bibliografias consultadas.

Atividade aplicada: prática

1. Você acha importante o uso da experimentação no ensino de Física? Sua formação profissional contemplou atividades experimentais? Você as desenvolveu como atividades para a sua aprendizagem sobre conceitos ou elas fizeram parte de alguma disciplina de licenciatura, ou, ainda, de algum curso de formação continuada?

   Destaque pontos positivos e negativos das situações vivenciadas por você, no que diz respeito a essa prática.

$$\frac{-b \pm \sqrt{b^2 - 4ac}}{2a}$$

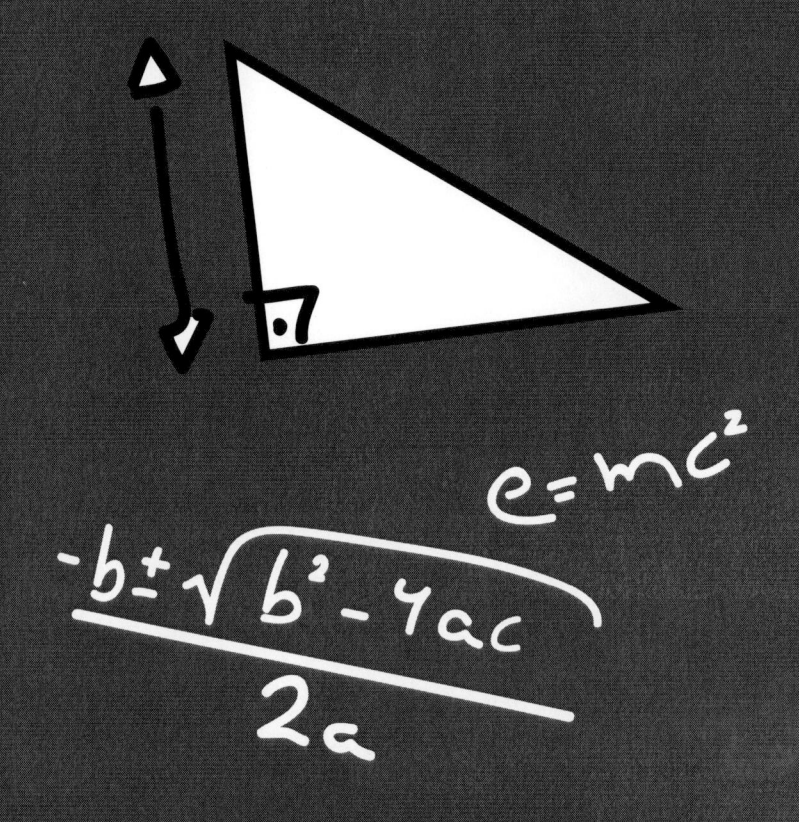

$e = mc^2$

Capítulo 5

Utilizar a história da ciência no ensino de Física pode dar significado e melhorar a compreensão dos conteúdos trabalhados em sala de aula. Defendemos, então, o ensino de Física sob um enfoque histórico, na busca por relações significativas especialmente na comparação da construção do conceito científico com o do aluno.

O enfoque histórico no ensino de Física

5.1 As concepções dos estudantes

As concepções espontâneas, ou concepções explicativas, são construídas no dia a dia do sujeito por meio das experiências de trabalho, religiosas, culturais, entre outras, para explicar fenômenos vivenciados. Por exemplo: as afirmações "um cobertor aquece" e "só ocorre movimento sob a ação de forças" são pautadas nas experiências vivenciadas pelos sujeitos, que se valem desses conceitos para explicar acontecimentos do cotidiano.

Conforme abordado no Capítulo 1, as concepções prévias dos sujeitos são difíceis de serem abandonadas. Tais concepções são melhores compreendidas quando refletidas, comparadas e relacionadas a elementos constituintes da história da construção de determinados conceitos científicos.

Alguns educadores, como Batista (2004), reconhecem que, nas estruturas de construção dessas concepções, podem haver semelhanças com o processo de construção das teorias científicas. Tanto as teorias dos cientistas como as dos sujeitos ganham adesão na estrutura cognitiva, especialmente pelo seu aspecto funcional. No entanto, diferenciam-se na essência pelo contexto de criação e pela utilização.

Na história das ciências, encontramos debates e impasses que aconteceram na criação, evolução e aceitação de conceitos científicos. Uma vez que essa história é feita considerando o envolvimento do contexto cultural, político, social e econômico de cada momento histórico, esse campo de elementos pode se constituir em elementos significativos para a reestruturação cognitiva do estudante.

5.2 O uso da história das ciências no ensino de Física

A atuação didática com a utilização da história das ciências para o ensino de Física pode ser feita com duas principais possibilidades: a História da Física como disciplina e o ensino de Física sob enfoque histórico.

Como aqui o nosso interesse é o ensino-aprendizagem de Física no ensino médio, não abordaremos a história da Física como uma disciplina, mas iremos defender o ensino de Física sob um enfoque histórico, ou seja, veremos como utilizar a história da ciência para a aprendizagem de física.

A importância desse enfoque é observada por diversos autores[*], que apoiam o trabalho com a história das ciências em todos os níveis de ensino. Matthews (1995), importante referência nesses estudos, apresenta pontos relevantes para o uso da história das ciências no seu ensino. Entre eles, destacamos:

~ A história da ciência não deve ser incluída no ensino como mais um item do currículo, mas deve ser incorporada à disciplina para dar maior abrangência aos estudos. Estes, quando consideram aspectos históricos, filosóficos e sociológicos, melhoram e enriquecem a compreensão dos conteúdos.

~ Tanto no ensino de ciências quanto na formação de professores, a utilização da história, da filosofia e da sociologia é defendida sob a abordagem contextualista, tendo em vista o contexto ético, social, histórico, filosófico e tecnológico.

~ Existe uma relação significativa entre "episódios da história científica" e a "herança cultural" das pessoas.

~ O ensino de ciências que usa aspectos históricos e filosóficos em suas reflexões humaniza as idealizações científicas, tornando-as mais compreensíveis.

~ A história e a filosofia das ciências apoiam o estudo dos conteúdos científicos mediante o uso de relações com as concepções prévias e a mudança conceitual.

Alguns educadores[**] defendem o ensino no enfoque histórico como uma das formas para trazer a qualidade solicitada à aprendizagem das ciências, uma vez que o estudo dos contextos históricos com seus elementos e relações desperta, motiva e melhora a compreensão se considerarmos o processo de sua construção, pois transforma o indivíduo de espectador em sujeito de sua aprendizagem.

[*] Silva, 2006; El-Hani; Tavares; Rocha, 2004.
[**] Silva, 2006; El-Hani; Tavares; Rocha, 2004; Matthews, 1995.

5.3 Como trabalhar com a história das ciências?

Como já dissemos, cresce o número de publicações que tratam da história das ciências para o ensino de Física. Cada vez mais, pesquisadores/professores se interessam por elementos históricos dos conteúdos científicos, com o objetivo de facilitar a compreensão dos alunos, utilizando-se de relações significativas para a construção de um conhecimento que lhes permitam entender o mundo considerando aspectos científicos. Até mesmo conteúdos de Física mais modernos já se encontram estruturados em linguagem acessível, na sua forma histórica e também filosófica, como é o caso de alguns capítulos existentes no livro *Origens e evolução das ideias da física*, organizado por José Fernando Rocha e publicado em 2002.

São diversas as propostas de atuação com a história das ciências para o ensino de Física. Os alunos podem ser orientados a fazer pesquisas, produção de seminários e estudos de textos sobre os temas apresentados em sala, contextualizando os assuntos tratados com aspectos históricos da época da construção dos conceitos, dando, assim, um sentido para a importância de se conhecer os modelos que já foram utilizados.

A aula de Física sob e o enfoque histórico não necessariamente tem que ser aquela em que se utiliza alguma estratégia como as sugeridas no parágrafo acima. Qualquer que seja a opção do professor para trabalhar sua aula (por exemplo: ele pode preferir trabalhar com a estratégia de situação-problema), buscar relações significativas entre um conteúdo e outro e entre os conhecimentos prévios dos seus alunos, usando elementos históricos como um "pano de fundo". Durante o desenvolvimento da aula, o docente pode problematizar considerando elementos da história da Física que influenciaram na produção de um certo conhecimento, ou fazer o inverso: considerar elementos de um determinado conhecimento que atuaram, por exemplo, em aspectos do comportamento social, político e econômico. Entre alguns exemplos, podemos citar a máquina térmica, construída na Revolução Industrial, no século XVIII, que impulsionou estudos sobre a termodinâmica; e os estudos sobre processos termodinâmicos e eletromagnéticos produtores de tecnologias, que influenciaram organizações políticas, econômicas e sociais.

Ao se utilizar da história das ciências em suas aulas, o professor deve investigar aspectos significativos para as relações que deseja abordar. Suas investigações precisam considerar o processo de transposições sofridas pelos conteúdos científicos até chegarem às publicações destinadas ao ensino. É importante que o professor busque informações sobre a qualidade das interpretações históricas trazidas em suas fontes bibliográficas, a fim de evitar, por exemplo, "alegorias", que podem desvirtuar o raciocínio do aluno para outros pensamentos "fora" dos conceitos pretendidos, como a contemplação de genialidades e feitos grandiosos (conquistas que parecem impossíveis de serem realizadas por "pessoas normais"). Ao contrário, é importante que as estratégias de ensino utilizadas pelo professor sob o enfoque histórico escolhido leve o aluno a perceber a maneira como se constrói a ciência, bem como a entender os conflitos e os consensos que ocorreram entre cientistas e demais figuras ao longo da história.

Reafirmamos que a importância desse enfoque recai sobre as relações e as ideias que irão auxiliar no processo cognitivo do aluno, fazendo com que este compreenda o complexo científico como uma construção humana, que se dá por meio de muita pesquisa e esforço coletivo.

> Tendo em vista o que foi apresentado até agora, escolha algum tema da Física e realize as seguintes atividades:
> ~ Investigue duas referências bibliográficas de autores diferentes, que abordem aspectos históricos sobre o tema escolhido.
> ~ Busque informações históricas desses autores sobre o assunto escolhido.

~ Faça um quadro e anote as semelhanças e diferenças entre os dois autores.
Você usaria essas informações em uma aula de Física? Por quê?

5.4 Identificando aspectos da história das ciências para o ensino de Física

Com base nos conteúdos vistos neste capítulo, abordamos aqui elementos referentes à evolução de ideias no contexto histórico das teorias sobre calor e temperatura, pontuando aspectos que o professor pode utilizar tanto para a sua própria compreensão do processo como para dar encaminhamento em suas aulas.

Também evidenciamos relações entre os conhecimentos científicos e os conhecimentos prévios do aluno, mediante o desenvolvimento histórico de determinado conteúdo. Vale lembrar que, para esses conteúdos específicos (calor e temperatura), estamos trabalhando sob o princípio de que a estrutura de formação das ideias dos alunos tem semelhança com o processo de construção de teorias científicas. Com metodologias específicas, podemos promover a reflexão e a análise entre os conhecimentos dos alunos e os científicos, buscando estabelecer estratégias para uma reformulação do sistema cognitivo dos sujeitos. Essa reformulação pode ser bem sucedida, à medida que favorece uma construção de consciência dos alunos no que se refere à diferença entre a sua forma de pensar e a formulação científica sobre um determinado fenômeno.

Considerando conceitos de calor e temperatura, buscamos, no contexto da história das ciências, identificar ideias que foram percorridas numa certa linha de evolução das teorias. Evidenciamos, quando possível, aproximações entre o contexto cultural do aluno e o contexto científico, realçando elementos com os quais o professor pode intervir no processo cognitivo.

5.4.1 Alguns aspectos históricos como auxílio à cognição

Algo estimulante para os alunos é perceber que há relações entre elementos históricos envolvidos na construção de certo conceito científico e as características de seu universo cultural. Esse exercício movimenta relações do mundo dos sujeitos.

Ao tratar do tema **calor**, o fogo é um exemplo de elemento intimamente ligado a esse conceito, ao mesmo tempo em que se associa às experiências mais básicas de sobrevivência e até mesmo de espiritualidade dos sujeitos. Bachelard (1938) faz observações sobre esse tema, declarando que o fogo contém "divagações poéticas" produzidas pela admiração humana ao contemplar seu poder de transformar, destruir, iluminar e aquecer. Ou seja, segundo uma visão filosófica, inventamos o fogo em nosso imaginário revestido de muita "espiritualidade", e as observações feitas sobre os fenômenos que o envolvem são influenciadas por esse imaginário. Generalizando, criamos ilusões que dificultam a nossa percepção da realidade.

Assim, a ciência como uma construção humana carrega a influência desses elementos. A apresentação e a reflexão, considerando esses aspectos, apontam para a ciência, não pura nem linear; caracterizam-na como algo que se desenvolve intrinsecamente ao conhecimento humano de forma geral.

Um exemplo que pode ser ressaltado é a ideia da substância, a qual movimentou as práticas alquimistas. Seus propósitos envolviam elementos da emoção humana, como rituais de magia (Alfonso Goldfarb, 2001). No entanto, essa ideia da substância também esteve no contexto científico. No que diz respeito aos estudos sobre calor, no século XVIII acreditava-se em uma espécie de substância que foi denominada de *flogístico* pelo químico e físico George Stahl (1660-1734). Nos estudos da história das ciências, o flogístico é considerado um antecessor da teoria do calórico (Rocha, 2002, p. 147).

Um outro aspecto histórico que pode ser enfocado durante determinada aula de Física é a importância dos equipamentos de medidas na percepção de fenômenos. Em diversos momentos históricos, há relatos em que o uso de algum equipamento reforçou uma ideia em debate. É importante chamar a atenção dos alunos para a dimensão conferida às percepções humanas por meio dos equipamentos de medidas. Para isso, citamos o caso do alcance dado à visão de Antoine Laurent Lavoisier (1743-1794), que utilizou a balança de precisão em seus estudos sobre a conservação das massas. Esse teórico influenciou também no enfraquecimento da teoria do flogístico ao explicar a combustão como uma reação química que envolvia o oxigênio (Logueiro; Del Pino, 2006). Com isso, podemos refletir sobre as limitações dos sentidos humanos para o conhecimento apurado do mundo que nos envolve. Reflexões com esses elementos podem flexionar o complexo cognitivo dos estudantes para despertá-los quanto às "verdades científicas", que podem ser transitórias, à medida que os nossos aparatos de observações e de medidas para a obtenção de dados científicos são aperfeiçoados.

Um outro elemento que auxilia no processo cognitivo do aluno pode ser motivado mediante a seguinte questão: **Como pensa o cientista?**

No meio científico em que Lavoisier estava inserido, explicações pautadas na teoria do calórico ganharam força em detrimento das explicações dadas pelo pensamento flogístico. As experimentações desse cientista, envolvendo ideias correntes em seu meio, contrariaram a ideia do flogístico. Aquilo que na teoria do flogístico era transferência de matéria enquanto queimava, Lavoisier mostrou ser uma reação química do oxigênio com o elemento queimado. Mas o que levou esse cientista a pensar em reação química com o oxigênio?

O destaque aqui é para o fato de que ideias novas não surgem do nada. Elas são respostas a questões impertinentes, perturbadoras, e se apoiam sobre elementos existentes em seu meio. É como querer tirar um parafuso e não termos a ferramenta apropriada. Estudamos o parafuso considerando suas formas para criar um objeto adequado e, assim, extraí-lo. Outra opção é buscarmos a solução na caixa de ferramentas do vizinho. No tempo de Lavoisier, o oxigênio já estava na "caixa de ferramentas" de alguns "vizinhos" desse cientista. Embora a ideia ainda estivesse em desenvolvimento, esse elemento foi utilizado por Lavoisier na explicação dos resultados de seus experimentos relacionados à combustão de materiais.

Apresentar conceitos científicos destacando traços de sua construção causa um certo "conforto" no estudante quando este percebe a proximidade entre suas próprias formas de pensar e elementos presentes na história da construção das ideias científicas.

Voltamos à questão da substância para destacar a forma de conceber do estudante. Carvalho et al. (1999, p. 53), ao trabalhar com estratégia de experimentos, propõem aos seus alunos a realização de uma experiência em que um fio metálico envolvido em uma parafina de vela é aquecido em uma de suas extremidades. Os alunos foram interrogados sobre sua explicação em relação ao fenômeno observado (condução de calor). Entre as respostas identificadas, estão: "O calor vai passando"; uma resposta que, conforme explica a autora, é coerente com a teoria do calórico por conservar a noção de matéria que se transporta de um lugar para outro.

Conforme vimos no Capítulo 1, essa concepção do aluno pode ser associada ao obstáculo epistemológico substancialista bachelardiano, sendo difícil de ser superada. No entanto, é possível encontrar contrapontos dentro da história desse conceito que, ao serem apresentados ao aluno, poderão levá-lo à reflexão sobre sua concepção.

A teoria do calórico, que teve apoio nos estudos de Lavoisier, configurou-se como uma teoria de explicação para a troca de calor entre corpos. Sua antecessora, a teoria do flogístico, mesmo que mais relacionada ao fogo, passou a ser questionada pelas bases do calórico e, aos poucos, foi abandonada. No entanto, guardou-se sua essência: A substância que se transportava de um meio para outro. Nessa visão, chamada *substancialista*, tanto o flogístico como o calórico eram pensados como um fluido material que se deslocava de um lugar para outro durante um determinado processo.

Além disso, o conceito de temperatura era pouco delimitado em relação ao conceito de calor. Os cientistas tinham dúvida sobre o que mudava (ou passava) de um corpo para outro quando estes eram colocados em contato: calórico ou a própria temperatura? Sua definição ficou mais delimitada em 1770, quando o cientista britânico Joseph Black (1728-1799) mostrou que, numa mistura de dois líquidos diferentes com massas iguais, a temperatura muda radicalmente nos dois líquidos.

Entretanto, se a mistura for de água e gelo, e for acrescentado ainda um objeto sólido, de forma que o conjunto dos três corpos seja isolado termicamente, ocorrerá uma alteração significativa na temperatura do sólido e quase nenhuma na temperatura da água e do gelo (Rocha, 2002, p. 144). Esses estudos levaram os cientistas da época a considerar a temperatura como propriedade dos corpos e não como algo (calórico) que se transfere de um corpo para outro nos processos térmicos.

Conforme Aurani (1985), o abandono da visão substancialista no que diz respeito às teorias sobre o calor é devida a Benjamin Thompson, o Conde Rumford (1753-1814). Em 1798, esse cientista contestou a existência do calórico. Ele trabalhava na produção de canhões e percebeu que o aquecimento da água usada no resfriamento das brocas era incompatível com a quantia de calórico disponível nas brocas ou lascas que se soltavam dos metais e caíam na água. Para ele, era mais conveniente que o aquecimento fosse produzido pelo movimento entre os corpos, de forma que não era a substância calórica que estava sendo fornecida à água, mas sim o movimento das brocas sobre os objetos que produzia o aquecimento. Suas explicações sobre calor associado ao movimento serviram de base para o desenvolvimento da teoria sobre o calor como forma de energia em trânsito, associado ao modelo cinético-molecular da matéria.

Ao tratarmos, de forma bem resumida, da teoria do calor nesses três últimos parágrafos, relacionamos esse paradigma com indicativos de elementos históricos. Nossa intenção é que esses e outros elementos passem a ser utilizados pelo professor para ajudar o aluno a construir relações significativas entre suas ideias e as ideias envolvidas na construção dos conceitos científicos.

Acreditamos que a reflexão sobre conceitos científicos, considerando o contraponto de ideias dentro de sua história, e também sobre a forma de pensar do aluno possa ser um valioso mecanismo em favor da superação dos obstáculos epistemológicos ou, em outras palavras, contribua para a reformulação do discurso do discente que demonstre clareza de compreensão de discurso científico.

Síntese

Neste capítulo, trouxemos a discussão sobre o enfoque da história das ciências como elemento auxiliar no ensino de Física, podendo melhorar a compreensão sobre os conteúdos trabalhados tanto para o professor como para seu aluno.

Entendemos que o aluno reformula seus conhecimentos quando reflete sobre um elemento novo e significativo. Aceitamos que é possível intervir nesse processo recorrendo a elementos da história das ciências. Assim, pautamo-nos na ideia de que a forma como o sujeito constrói suas concepções explicativas para o mundo, em alguns casos, tem semelhança com o processo de construção de conceitos científicos. Nesse sentido, é possível estimular a atividade cognitiva do aluno trazendo discussões, reflexões sobre temas da história que se identificam com suas ideias, experiências ou algum elemento de sua cultura. Mediante esse trabalho de articulação com as duas categorias de ideias (as do aluno e as das ciências), o discente trabalhará seu aparato cognitivo com muito mais significados e maiores possibilidades de reformulação de seus conhecimentos, agregando em sua leitura de mundo a visão científica.

Destacamos, dos conteúdos históricos, a semelhança das construções espontâneas com as construções de teorias científicas, a ampliação da percepção humana por meio dos instrumentos de medidas, a discussão da subjetividade envolvida na observação de um fenômeno, os elementos do pensamento científico para desmistificá-lo e os conceitos científicos que mudam conforme se refinam os métodos de observação sobre ele ou também conforme muda a visão de mundo da época. Com a identificação e a discussão desses elementos, argumentamos que o professor pode, dentro de suas formas de abordagem, traçar relações com os conhecimentos prévios do seu aluno, estimulando-o cognitivamente a refletir sobre os conteúdos trabalhados.

Privilegiamos neste capítulo aspectos históricos ligados ao tema **calor** e **temperatura**, que possui um amplo número de publicações, produzidas por pesquisadores e educadores de ensino de Física e ciências no Brasil. Além desse, outros conteúdos podem ser investigados para o trabalho dessas disciplinas. Apesar do destaque à história interna da Física, ressaltamos, no entanto, que a história desses conteúdos com relação a características sociais, políticas, econômicas e culturais também é bastante rica em elementos que produzem significados na estrutura cognitiva dos estudantes.

Convidamos você a fazer suas próprias pesquisas sobre esses conteúdos para que possa construir suas estratégias didáticas, tendo em vista o enfoque da história das ciências. Assim, você poderá investir numa outra forma de ensino, com aulas mais dinâmicas e efetivas no processo de ensino-aprendizagem.

Indicação cultural

BRECHT, B. **A vida de Galileu**. São Paulo: Abril Cultural, 1977.
> Essa obra teve várias versões para o teatro. Citamos a adaptação de Cleise Mendes, com a direção de Elisa Mendes, em que se retrata uma história de Galileu. O enfoque científico recai sobre a tese de Nicolau Copérnico a respeito do sistema heliocêntrico. A obra destaca, de forma bem-humorada (no teatro), acontecimentos relacionados a esse campo de estudos, como supostos artifícios utilizados por Galileu para adquirir o telescópio.
>
> São reflexões importantes desta obra: o aspecto humano do cientista, suas posições (herói ou covarde?) ao negar as teses perante o Santo Ofício da época, as verdades científicas e a influência dos poderes de cada tempo sobre a construção da ciência. Enfim, trata-se de um livro que remete à análise da construção do conhecimento científico.

Atividades de Autoavaliação

1. Este capítulo foi desenvolvido sob o prisma de uma discussão que apresenta alguns motivos para que se desenvolva o ensino de Física considerando o enfoque da história das ciências. Com base nessa apresentação, classifique as seguintes alternativas como verdadeiras (V) ou falsas (F):

    ( ) Qualquer história dos cientistas contada para o aluno aciona o processo cognitivo e reformula os conhecimentos deste.

    ( ) A história das ciências pode ajudar na aprendizagem do aluno, mas não tem muito a acrescentar para o professor, pois este precisa conhecer a produção científica atual.

    ( ) As pessoas constroem as concepções explicativas de seu mundo segundo um processo que, em alguns casos, tem semelhança com a estrutura da construção das teorias científicas.

( ) Na história das ciências, existem aspectos que despertam o interesse do aluno por existir relação com elementos de sua cultura.

2. O texto deste capítulo indica formas de se atuar didaticamente com a história das ciências. De acordo com as informações contidas nele, assinale com (V) as afirmativas verdadeiras e com (F) as falsas:

( ) O texto propõe que o professor escolha sua forma de trabalho com a história das ciências, sem nenhuma ressalva.

( ) O texto alerta para o fato de que o conteúdo trabalhado deve ter um enfoque histórico, e que o ensino explícito da história das ciências caberia melhor como uma nova disciplina.

( ) Da história a ser usada no ensino de Física, devem ser extraídos dados relevantes, que ajudarão o aluno a perceber as relações de significados.

( ) Qualquer história usada no ensino de Física será produtiva. Aquela que exalta as genialidades pode, inclusive, despertar o interesse dos alunos, incentivando-os a se tornarem gênios.

3. Leia a sentença a seguir e, em seguida, assinale a alternativa **falsa**. Ao tratarmos de aspectos inerentes à história da ciência que auxiliam na cognição do aluno, ressaltamos cinco eventos. Com isso, este capítulo:

a) ilustra traços existentes nas concepções dos alunos e que fizeram parte de concepções científicas em épocas passadas, como foi o caso da substância do flogístico ao calórico.

b) traz a dimensão conferida às percepções humanas por meio dos instrumentos de medidas.

c) aborda a discussão sobre o complexo imaginário, que envolve a observação acerca da realidade.

d) discute o refinamento de conceitos científicos independentemente de uma concepção científica, como foi a formulação de temperatura, hoje aceita.

4. Diversos pesquisadores/educadores do ensino de ciências apoiam o uso da história. A respeito disso, é correto afirmar que:
   a) o ensino das ciências deve ser feito de forma racional. Humanizar esse ensino com o uso da história da ciência pode trazer confusões sobre conceitos científicos, reforçando ideias erradas.
   b) os aspectos históricos da ciência tornam a aula enfadonha. São coisas do passado, e os alunos estão interessados em novidades do presente e do futuro.
   c) promove nos professores uma compreensão mais clara de debates contemporâneos no contexto da educação, que têm abordado questões de ordem epistemológica sobre elementos como o construtivismo e o multiculturalismo.
   d) é uma estratégia de aprendizagem mais adequada à formação dos professores do que no ensino médio, pois, por ser complexa, dificilmente alcançará a compreensão dos alunos.

5. Ao discutirmos aspectos da história das ciências que podem auxiliar na aprendizagem, é correto ressaltar que:
   a) o treinamento sobre o conteúdo é muito mais relevante que as relações significativas alcançadas pelo sujeito na sua aprendizagem.
   b) não existe a pretensão de que o aluno perceba semelhança entre o seu contexto cultural e conhecimentos científicos.
   c) as ideias dentro do contexto histórico que trata do calor e da temperatura favorecem relações significativas entre o contexto cultural do aluno e o científico.
   d) características do contexto histórico-científico são impróprias como recursos didáticos no ensino de ciências.
   e) o racional e o emocional no estudo científico são dois elementos facilmente separáveis. Portanto, o conhecimento cultural não influencia a construção da ciência.

Atividades de Aprendizagem

Questão para reflexão

1. Você conhece alguma proposta de ensino de Física que utiliza a história?
   a) Se conhece, você a adotaria na íntegra? Faria alterações?
   b) Registre como você trabalharia essa proposta. Caso você não conheça, sugerimos que utilize os exemplos citados neste capítulo (se achar necessário, consulte mais algumas publicações da área) e faça um esboço do que você imagina ser uma proposta de ensino de um conteúdo de Física utilizando elementos da história.

Atividade aplicada: prática

1. Este último capítulo refletiu sobre um ensino de Física prático, com enfoque histórico. E, para ilustrar, usamos elementos históricos da sua produção internalista, ou seja, a evolução de um conceito influenciado pelo estudo do próprio produto científico. Não consideramos, no entanto, fatores da história externalista dos conteúdos científicos, ou seja, a história que considera a influência política, econômica e social para a produção de um certo conhecimento científico. Nessa história, podemos considerar, por exemplo, o caso da bomba atômica, que se desenvolveu com base nos estudos sobre as interações nucleares. Considerando aspectos dessa história, propomos que você e alguns colegas de área organizem a seguinte atividade:
   a) Investiguem alguns conteúdos científicos que fundamentaram a criação da bomba atômica.
   b) Investiguem a carta enviada por Einstein ao presidente dos Estados Unidos à época, Franklin Roosevelt, falando sobre o potencial do Urânio para a geração de energia.

c) Desses dados, extraiam ideias para serem abordadas com os alunos de forma significativa, isto é, relacionando o conteúdo científico aos interesses econômicos e políticos daquela época.

d) Uma vez organizadas as ideias, elaborem um projeto de aula que enfoque uma maneira de abordar essas questões com os alunos. Exemplos: realização de seminário, lançamento um problema para ser debatido entre os alunos, leitura de textos, entre outros.

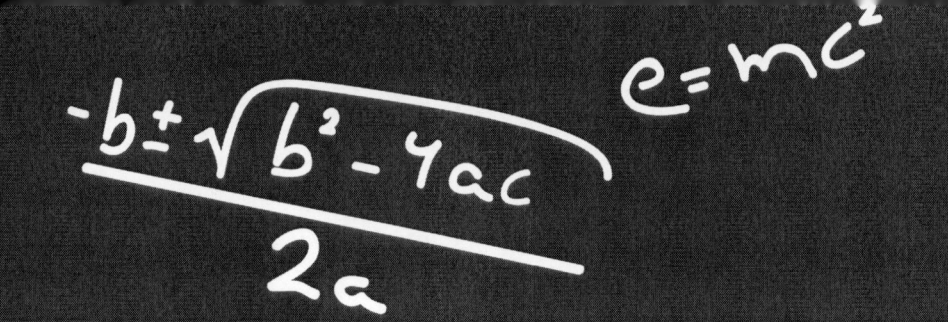

Considerações finais

Neste livro, estudamos elementos da concepção epistemológica e elementos relacionados ao contexto de ensino e aprendizagem, além de aspectos que se referem à avaliação da aprendizagem do aluno e do desenvolvimento pedagógico utilizado pelo professor. Também refletimos sobre possíveis estratégias que podem ser utilizadas para o desenvolvimento de conteúdos.

Na primeira parte, abordamos as maneiras de interpretar fenômenos conforme a concepção de ciência e a influência dessa concepção no ensino de Física. Trouxemos para esse contexto de estudos reflexão sobre dificuldades e também formas de compreensão dos estudantes sobre conceitos científicos. Ainda nessa unidade, realizamos discussões sobre os objetivos da avaliação escolar, questionando possíveis distorções em relação a objetivos maiores, como diagnosticar a aprendizagem do aluno e o processo de ensino utilizado pelo professor.

Na segunda parte, estudamos algumas estratégias de como conduzir o ensino de forma significativa. A problematização foi abordada como uma das maneiras de tornar a aula mais envolvente para o estudante, enquanto a experimentação poderá ser usada como mais uma estratégia combinada com outras (ela pode ser problematizada a partir de um experimento), o que pode favorecer a reflexão sobre ideias que o professor queira desenvolver. Estudamos ainda a utilização de aspectos da história das ciências como pano de fundo em estratégias de ensino, buscando tornar mais significativos os conceitos científicos para os estudantes.

Acreditamos que a aprendizagem em Física possa ser mais significativa diante das reflexões, das negociações e dos posicionamentos dos sujeitos nos diversos grupos de atuação em que eles se inserem na sociedade de forma geral.

Assim, esperamos que este estudo tenha contribuído para trazer à tona e problematizar a necessidade de conhecimentos cada vez mais críticos sobre a disciplina com a qual se trabalha. Esperamos ter contribuído com mais um passo de um caminho contínuo que o professor precisa traçar para conhecer mais sobre as concepções que guiam sua área de ensino, no que diz respeito ao próprio conhecimento científico apresentado ao aluno e às concepções sobre a física.

É importante que estudos sejam feitos enquanto se questiona a concepção do professor, visando situá-lo, instigá-lo e reposicioná-lo diante de suas crenças e atitudes. Entender como o estudante percebe, compreende e apreende os conceitos deve ser um objetivo de estudo permanente para o professor, a fim de que este possa investigar, planejar e elaborar (ou reelaborar) estratégias e maneiras para contribuir na aprendizagem do aluno.

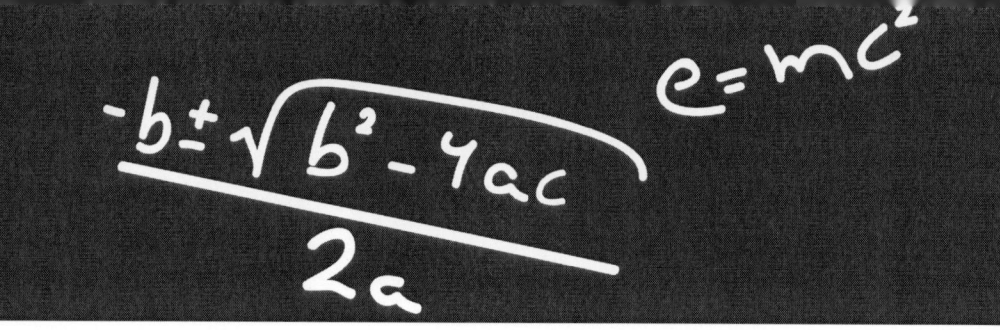

Referências

Alfonso-Goldfarb, A. M. **Da alquimia à química**. São Paulo: Landy, 2001.

Alonso Sanchez, M.; Gil-Pérez, D. E.; Martinez Torregrosa, J. Actividades de evaluación coherentes con uma propuesta de enseñanza de la física y la química como investigación: actividades de autorregulación e interregulación. **Revista de Enseñanza de La Física**, Argentina, v. 8, n. 2, p. 5-20, oct. 1995.

ALONSO SANCHEZ, M.; GIL-PÉREZ, D. E.; MARTINEZ TORREGROSA, J. Los exámenes de física en la enseñanza por transmisión y en la enseñanza por investigación. **Enseñanza de las ciencias**, Barcelona, v. 10, n. 2, p. 127-138, 1992a.

_____. Concepciones espontaneas de los profesores de ciencias sobre la evaluación: obstaculos a superar y propuestas de replanteamiento. **Revista de Enseñanza de La Física**, Argentina, v. 5, n. 2, p. 18-37, nov. 1992b.

ALVES FILHO, J. P. Regras da transposição didática aplicadas ao laboratório didático. **Caderno Catarinense de Ensino de Física**, Florianópolis, v. 17, n. 2, p. 174-188, ago. 2000.

ALVES FILHO, J. P.; PIETROCOLA, M.; PINHEIRO, T. A eletrostática como exemplo de transposição didática. In: PIETROCOLA, M. (Org.). **Ensino de Física**: conteúdo, metodologia e epistemologia. Florianópolis: UFSC, 2001.

ARAÚJO, M. S. T.; ABIB, M. L. V. S. Atividades experimentais no ensino de Física: diferentes enfoques, diferentes finalidades. **Revista Brasileira de Ensino de Física**, São Paulo, v. 25, n. 2, jun. 2003.

ARRUDA, S. M.; SILVA, M. R.; LABURU, C. E. Laboratório didático de Física a partir de uma perspectiva Kuhniana. **Investigações em Ensino de Ciências**, Porto Alegre, v. 6, n. 1, mar. 2001.

ASTOLFI, J.; DEVELAY, M. **A didática das ciências**. 4. ed. Campinas: Papirus, 1995.

AURANI, K. M. **Ensino de conceitos**: estudo das origens da 2ª Lei da Termodinâmica e do conceito de entropia a partir do século XVIII.

1985. Dissertação (Mestrado) – Instituto de Física e Faculdade de Educação, Universidade de São Paulo, São Paulo, 1985.

BACHELARD, G. **A formação do espírito científico**. Rio de Janeiro: Contraponto, 1996.

_____. **A psicanálise do fogo**. Lisboa: Estúdios Cor, 1938.

BARROS, M. A.; CARVALHO, A. M. P. A história da ciência iluminando o ensino de visão. **Ciência e Educação**, Bauru, v. 5, n. 1, p. 83-94, 1998.

BARROS FILHO, J.; SILVA, D. Buscando um sistema de avaliação contínua: ensino de eletrodinâmica no nível médio. **Ciência e Educação**, Bauru, v. 8, n. 1, p. 27-38, 2006.

BATISTA, I. DE L. O ensino de teorias físicas mediante uma estrutura histórico-filosófica. **Ciência e Educação**, Bauru, v. 10, n. 3, p. 461-476, 2004.

BORGES, R. M. R. **Em debate**: cientificidade e educação em ciências. Porto Alegre: SE/Cecirs, 1996.

BRASIL. Ministério da Educação. Secretaria de Educação Média e Tecnológica. **Parâmetros Curriculares Nacionais**. Brasília, 1999.

BROCKINGTON, G.; PIETROCOLA, M. Serão as regras da transposição didática aplicáveis aos conceitos de física moderna? **Investigações em Ensino de Ciências**, Porto Alegre, v. 10, n. 3, 2005.

CARVALHO, A. M. P. et al. **Termodinâmica**: um ensino por investigação. São Paulo: Feusp, 1999.

CHALMERS, A. F. **O que é ciência, afinal?** São Paulo: Brasiliense, 1993.

CHAUI, M. **Convite à filosofia**. São Paulo: Ática, 2000.

DELIZOICOV, D.; ANGOTTI, J. A.; PERNAMBUCO, M. M. **Ensino de ciências**: fundamentos e métodos. São Paulo: Cortez, 2002. (Coleção Docência em Formação).

EL-HANI, C. N.; TAVARES, E. J. M.; ROCHA, P. L. B. Concepções epistemológicas de estudantes de Biologia e sua transformação por uma proposta explícita de ensino sobre História e Filosofia das Ciências. **Investigações em Ensino de Ciências**, Porto Alegre, v. 9, n. 3, p. 1-27, 2004. Disponível em: <http://www.if.ufrgs.br/public/ensino>. Acesso em: 12 nov. 2007.

GIL-PÉREZ, D. **Formação de ciências**: tendências e inovações. São Paulo: Cortez, 1995.

GIL-PÉREZ, D.; MARTINEZ TORREGROSA, J. **La resolución de problemas de Física**: una didáctica alternativa. Barcelona: Ediciones Vicens-Vives, 1987.

HOFFMANN, J. **Avaliação**: mito e desafio. 19. ed. Porto Alegre: Mediação. 1996.

KUHN, T. **Estrutura das revoluções científicas**. 5. ed. São Paulo: Perspectiva, 2000.

_____. Reflexões sobre os meus críticos. In: LAKATOS, I.; MUSGRAVE, A. (Org.). **A crítica e o desenvolvimento do conhecimento**. São Paulo: Cultrix, 1979.

LOGUEIRO, R. Q.; DEL PINO, J. C. Contribuições da história e da filosofia da ciência para a construção do conhecimento científico em contextos de formação profissional da Química. **Acta Scientiae**, Canoas, v. 8, n. 1, 2006.

LOPES, A. R. C. Bachelard: o filósofo da desilusão. **Caderno Catarinense de Ensino de Física**, Florianópolis, v. 13, n. 3, p. 248-273, dez. 1996.

_____. **Conhecimento escolar**: ciência e cotidiano. Rio de Janeiro: EdUERJ, 1999.

LOPES, J. B. **Resolução de problemas em Física e Química**. Lisboa: Texto, 1994.

LUCKESI; C. C. **Avaliação da aprendizagem escolar**: estudos e proposições. 9. ed. São Paulo: Cortez, 1999.

MASTERMAN, M. A natureza de um paradigma. In: LAKATOS, I.; MUSGRAVE, A. (Org.). **A crítica e o desenvolvimento do conhecimento**. São Paulo: Cultrix, 1979.

MATTHEWS, R. M. História, Filosofia e Ensino de Ciências: a tendência atual de reaproximação. **Caderno Catarinense de Ensino de Física**, Florianópolis, v. 12, n. 3, p. 164-214, dez. 1995.

MIRAS, M.; SOLÉ, I. A evolução da aprendizagem e a evolução no processo de ensino e aprendizagem. In: COLL, C.; PALACIOS, J.; MARCHESI, A. **Desenvolvimento psicológico e educação**: psicologia da educação. Porto Alegre: Artes Médicas, 1996. v. 2.

MORTIMER, E. F. Construtivismo, mudança conceitual e ensino de ciências: para onde vamos? **Investigações em Ensino de Ciências**, Porto Alegre, v. 1, n. 1, 1996. Disponível em: <http://www.if.ufrgs.br/public/ensino>. Acesso em: 14 jun. 2008.

_____. **Linguagem e formação de conceitos no ensino de Ciências**. Belo Horizonte: Ed. da UFMG, 2000.

OSTERMANN, F. A epistemologia de Kuhn. **Caderno Catarinense de Ensino de Física**, Florianópolis, v. 13, n. 3, p. 178-276, dez. 1996.

PEDUZZI, S. Concepções alternativas em Mecânica. In: PIETROCOLA, M. (Org.). **Ensino de Física**: conteúdo, metodologia e epistemologia. Florianópolis: Ed. da UFSC, 2001.

PIETROCOLA, M. (Org.). **Ensino de Física**: conteúdo, metodologia e epistemologia. Florianópolis: Ed da UFSC, 2001.

POPPER, K. L. **Conjecturas e refutações**. Brasília: Ed. da UnB, 1982.

PRAIA, J.; CACHAPUZ, A.; GIL-PÉREZ, D. A hipótese e a experiência científica em educação em ciência: contributos para uma reorientação epistemológica. **Ciência e Educação**, Bauru, v. 8, n. 2, p. 253-262, 2002. PROFESSOR MARCO ANTONIO MOREIRA. Disponível em: <http://www.if.ufrgs.br/~moreira>. Acesso em: 2 nov. 2011.

ROCHA, J. F. M. (Org.). **Origens e evolução das ideias da física**. Salvador: EdUFBA, 2002.

SANTOS, M. E. V. M. **Mudança conceptual na sala de aula**: um desafio pedagógico. Lisboa: Livros Horizonte, 1991.

SILVA, C. C. (Org.). **Estudos de história e filosofia das ciências**. São Paulo: Livraria da Física, 2006.

SILVEIRA, F. L. A filosofia da ciência de Karl Popper: o racionalismo crítico. **Caderno Catarinense de Ensino de Física**, Florianópolis, v. 13, n. 3, p. 197-218, dez. 1996a.

SILVEIRA, F. L. A metodologia dos programas de pesquisa: a epistemologia de Imre Lakatos. **Caderno Catarinense de Ensino de Física**, Florianópolis, v. 13, n. 3, p. 219-230, dez. 1996b.

VILLANI, A. Ideias espontâneas e ensino de Física. **Revista Brasileira de Ensino de Física**, São Paulo, v. 11, n. 1, dez. 1989.

VILLANI, C. E. P.; NASCIMENTO, S. S. A argumentação e o ensino de Ciências: uma atividade experimental no laboratório didático de Física do ensino médio. **Investigações em ensino de Ciências**, Porto Alegre, v. 8, n. 3, dez. 2003. Disponível em: <www.if.ufrgs.br/public/ensino>. Acesso em: 13 jun. 2008.

ZYLBERSZTAJN, A. Revoluções científicas e ciência normal na sala de aula. In: MOREIRA, M. A.; AXT, R. (Org.). **Tópicos em ensino de Ciências**. Porto Alegre: Sagra, 1991.

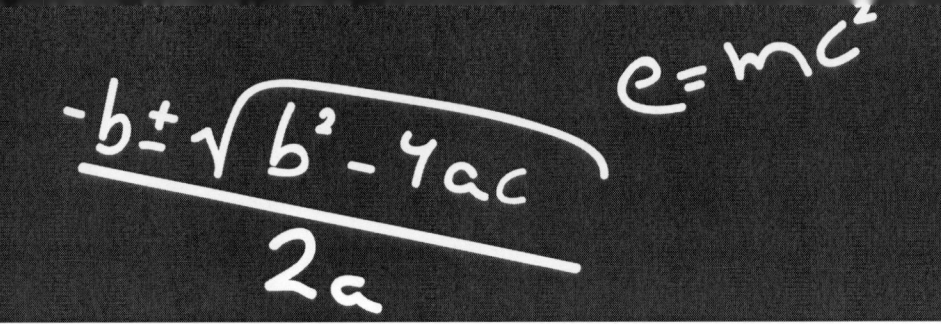

Bibliografia comentada

ASTOLFI, J.; DEVELAY, M. **A didática das ciências**. 4. ed. Campinas: Papirus, 1995.

Nesse livro, Astolfi e Develay desenvolvem importantes reflexões associando as ciências da educação em geral à didática das ciências em particular. Os autores trazem reflexões epistemológicas por meio da abordagem da história nos seguintes conceitos: fecundação e calor, transposição didática, aprendizagem em ciências e formação dos professores.

CHALMERS, A. F. **O que é ciência, afinal?** São Paulo: Brasiliense, 1993.

Esse é um ótimo livro para uma introdução aos estudos da filosofia das ciências. Numa linguagem acessível, o autor traz vários conceitos das teorias de Popper, Lakatos, Kuhn e Feyerabend. Aborda o indutivismo, a relação observação-teorias, o falseacionismo e suas limitações, os programas de pesquisa de Lakatos, os paradigmas kuhnianos, a teoria de Feyerabend, entre outros.

DELIZOICOV, D.; ANGOTTI, J. A.; PERNAMBUCO, M. M. **Ensino de ciências**: fundamentos e métodos. São Paulo: Cortez, 2002. (Coleção Docência em Formação).

A aprendizagem em ciências como formação cultural é abordada nesse livro, que é dividido em seis partes, cada uma com dois capítulos. No primeiro capítulo de cada parte, são discutidos e problematizados temas relevantes à formação docente. No segundo capítulo de cada parte, são apresentadas propostas para o aprofundamento e o desenvolvimento de cada tema abordado no primeiro capítulo. Os assuntos tratados no livro são: educação em ciências e prática docente; ciência e ciências na escola; aluno, conhecimentos escolares e não escolares; abordagem de temas em sala de aula; temas de ensino e escola e, por fim, temas para estudo e bibliografia. O livro subsidia o trabalho docente abordando a ciência e a tecnologia como atividades humanas, pressupondo o conhecimento científico como uma cultura a ser acessada por todos.

LOPES, A. R. C. **Conhecimento escolar**: ciência e cotidiano. Rio de Janeiro: EdUERJ, 1999.

Tomando como objeto específico o conhecimento escolar nas ciências físicas, nesse livro, a autora desenvolve reflexões sobre o conhecimento escolar do ponto de vista epistemológico, teórico e político-prático, numa relação com os estudos na linha da sociologia do currículo. Além disso, o conhecimento escolar é balizado pelos estudos dos processos culturais, pelo conhecimento cotidiano e pelo conhecimento científico. Nesse enfoque, o referencial bachelardiano constitui uma importante referência em sua reflexão. Trata-se de uma importante obra para aqueles que desejam iniciar/aprofundar referenciais teóricos para o estudo do conhecimento escolar.

PIETROCOLA, M. (Org.). **Ensino de Física**: conteúdo, metodologia e epistemologia. Florianópolis: Ed. da UFSC, 2001.

Essa obra, organizada em nove capítulos escritos por diferentes autores, reúne textos com discussões atualizadas sobre temas relacionados ao ensino da Física, tais como: transposição didática dos conteúdos, com enfoque na eletrostática; utilização didática da história da ciência; importância dos problemas e das problematizações na aprendizagem da Física.

ROCHA, J. F. M. (Org.). **Origens e evolução das ideias da Física**. Salvador: EdUFBA, 2002.

É uma leitura de grande valia para professores de ciências, em especial os de Física. Essa obra contempla importantes discussões acerca de aspectos históricos e de acontecimentos histórico-científicos, considerando os primórdios da mecânica e elementos da física moderna. É uma obra de caráter internalista, permitindo, entretanto, o estabelecimento de relações entre conceitos científicos, à medida que se percebem aspectos filosóficos, sociais, políticos e culturais envolvidos no edifício da ciência.

SILVA, C. C. (Org.). **Estudos de história e filosofia das ciências**. São Paulo: Livraria da Física, 2006.

Apresentada em diversos capítulos, escritos por diferentes professores, essa obra enfoca tópicos de história e filosofia na área de ciências em geral e em física, biologia e química. O objetivo do livro é relacionar a ciência ao contexto social e desmistificar a visão sobre o cientista e seu papel, bem como sobre a história presente nos livros didáticos e o uso da história e da filosofia da ciência no ambiente escolar.

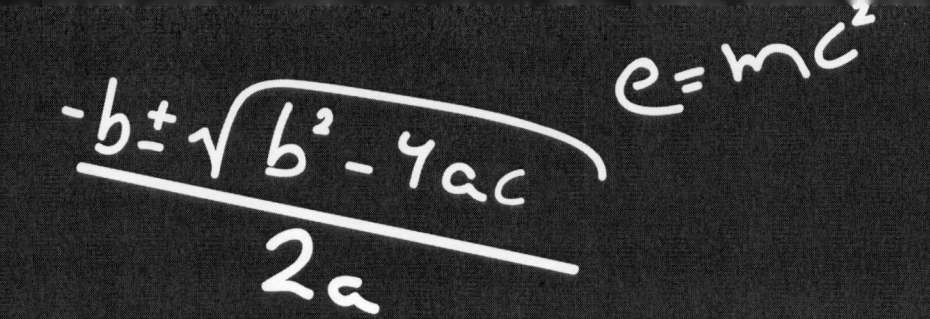

Gabarito

Capítulo 1

Atividades de Autoavaliação

1. c, d, a, b.
2. F, F, F, V.
3. d
4. a
5. c

Capítulo 2

Atividades de Autoavaliação

1. F, F, V, V, F.
2. F, V, V, F, V.
3. F, V, F, F.
4. d
5. c

Capítulo 3

Atividades de Autoavaliação

1. F, V, V, F.
2. V, F, V, V.
3. V, F, F, V.
4. b
5. d

Capítulo 4

Atividades de Autoavaliação

1. F, V, F, V.
2. V, V, F, F, V.
3. F, F, V, V, V.
4. b
5. d

Capítulo 5

Atividades de Autoavaliação

1. F, F, V, V.
2. F, V, V, F.
3. d
4. c
5. c

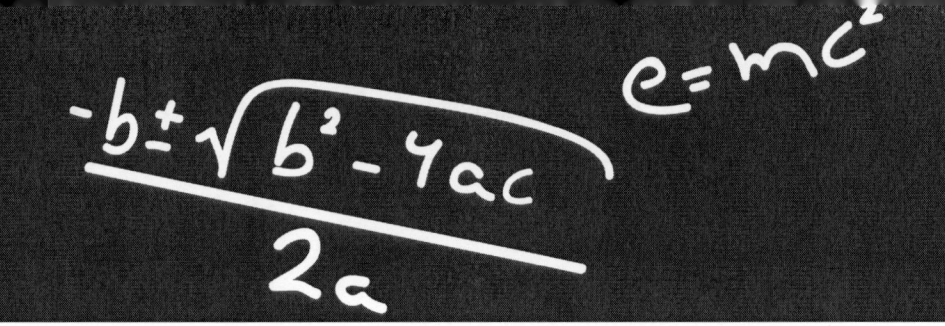

Sobre as autoras

Aparecida Magalhães Villatorre é licenciada e bacharel em Física pela Universidade Federal do Paraná (UFPR), mestre em Ensino, Filosofia e História das Ciências pela Universidade Federal da Bahia (UFBA) e pela Universidade Estadual de Feira de Santana. Já atuou como técnica pedagógica na Secretaria de Estado de Educação do Paraná, trabalhando na formação continuada de professores e na produção de material didático. Atualmente, é professora de Física no ensino médio em Maringá.

Ivanilda Higa é licenciada em Física pela Universidade Federal do Paraná (UFPR), mestre em Ensino de Ciências, na modalidade Física, e doutora em Educação pela Universidade de São Paulo (USP). Já trabalhou como professora de Física para o ensino médio e, atualmente, é professora na Universidade Federal do Paraná (UFPR), onde atua na formação de professores de Física.

Silmara Denise Tychanowicz é formada no curso de Magistério, licenciada em Física pela Universidade Federal do Paraná (UFPR) e mestre em Educação para a Ciência pela Universidade Estadual Paulista (Unesp). Tem experiência como professora de Física para o ensino médio e, atualmente, trabalha no ensino fundamental e no sistema de Educação de Jovens e Adultos (EJA).

Impressão: Maxi Gráfica
Janeiro/2015